JN078307

# 歌うように伝えたい

人生を中断した私の再生と希望

塩見三省

角川春樹事務所

# 前書きとして

身体が、手が、足が、うん……。しかし私は生きている。

確かに私はその日に死んでいてもおかしくなかった。

２０１４年、その年の東京は例年になく何度かの大雪に見舞われた。そして私は、3月終わりのある寒い日、桜が咲かんとする頃、救急車で都内にある虎の門病院に運ばれた。病名は脳出血。その結果、左半身が麻痺《まひ》して大きな障害が手足に残った。一瞬にして何もできない身体になった。

66歳の春、ここに来て、この壁を乗り越えるのは、私は無理だと思った。しかし、それからなんと7年もの間、麻痺の残る左足をズリズリと音をたてひきずりながら、片足で一人でこの荒れた道を歩いてきた。

発症した時からあんなに死ぬことを考えてきたのに、今は生きている。生きなければならないのだと思えるようになった。時間はかかったが、この気持ちの差異について考え、その時の流れに伴う変化を書こうとした。こういう個人的な内容がどれだけ読む人に伝わり、関心を持たれるものか私にはわからない。しかし、私にはこうして書き、文章として表現することが必要だったのだ。

それまではまあ順調な俳優人生を送ってきたと思う。ところが、脳出血で左半身に不具合が残って7年経った。5年前からこの身体で少しずつではあるがまたカメラの前に立つこともできている。

病《やまい》を患ってからは、「人生観が変わり、俳優としても何かしら深くなったのでは?」と人によく聞かれるがそんなことはない。しかし今までよりも俳優としての表現が、そこに向かう喜びが、感謝の気持ちが大きくなったことは事実である。

以前のような仕事に追われていた頃とは違い、私には時間だけは沢山あった。日記を元に思い出すには少し怖い気持ちもあったが、私が今ここに在ることを確かめようと、まずは闘病のことを書き始めた。そこで、本当におこがましいが、震災や台風、そして病によって、私のようにある日突然日常が奪われ、人生を中断せざるをえなくなり、呆然とした人たちがその苦しみの中から立ち上がり、復活と再生をするため、懸命に生きる姿を意識して書くことによって、苦しみと闘っているのは私一人ではないという気持ちが生まれてきたのである。

闘病、あの人たちこの人たち、心象風景、映画、演劇など、色んなことをバラバラに書いているようだが全《すべ》てを読んでもらえると、ベースのところで中断した人生の復活、生き残ることの悦《よろこ》びみたいなもので、全てが繫《つな》がっていると思う。

実際に動ける範囲は極端に狭まったが、生きようとした正常な半分の脳が必死になって、現実社会や日常の身の回りのことに対処してくれている。そして、その脳が担ってくれる記憶の再生で現れた過去の大切な残像みたいなものが、苦しんでいる今の自分にとって大きな支えになっていることがわかってきたのである。

半身不随くらいでこれからの人生を全て諦《あきら》めるわけにはいかないのだ。

4年前、あるドラマの撮影で星野源君と親子の役で共演した。

彼は以前大きな手術をしており、お互いの胸の内に共通する話題があった。休憩中も二人でソファに座りフラットな気持ちで他愛のないことを話し、楽しい時を過ごしていた。私は本番中も楽しくて仕方なかった。素敵なスタッフクルーでもあったし、久しぶりのテレビドラマということもあったからだろう、私にしては少しはしゃいでいたのかもしれない。星野君は一緒になって話を合わせてくれていたが、撮影も終わった帰り際に、

「シオミさん、何か書けばいいのに。僕はエッセイであの病気のことを書いて、書くことによって病に対して一区切り付けられたのです。絶対に書くことで何かクリアできますよ」

とセットの隅っこで静かに言ってくれた。

二人にしかわからない共通の想いがある。この楽しい撮影中にも、なにかヒリヒリしたものを彼は私から感じていたのだろう。起きてしまったことへの決着をつける方法を、彼なりに考えてくれたのだと思う。お互いに、あの暗闇の中を経験しただけに、重くて有難いサジェスト（示唆）だった。

もちろん私は、星野君の本を読んでいた。彼のエッセイはただ病のことだけに終始していない。彼のセンスで仕事のこと、身の回りのことが「ありのまま」に、縦横無尽に書かれている魅力的なものである。今、完全復活して大活躍する彼のその文章に

は、自分の病への決着があったのかと思える。いや結果的にある決着がつけられたのかもしれないが、私は「そうだね」とうなずき、年の離れた大切なトモダチと別れた。

大きな障害の後遺症が残った私に何が書けるのか……。それだけを数日考えた。そして、その後遺症を軸にして、個人的なことにこだわることで、却《かえ》って普遍性が出てくるのではないかという考えに行き着いた。

「シオミさん、何か書けばいい……」

星野君のその言葉を漠然とでなく真剣に受け止めた。

妻のiPadを譲り受け、日記を元にして右手の人差し指一本で一文字ずつ打ち込み書き始めた。まずは病のこと、入院生活のこと、その後の苦難の日々を書いていると、途中で人物や景色など、若い日々の思い出や大きく影響を受けた人たちの姿が浮かんできたのである。どうしてだかわからない。私はひたすらフラッシュバックのように無作為に出てくるものを書き出した。私が私を知るために、生きていく作業として。

私の半分の脳は壊れている。しかし、「生きようとするもう半分の脳の本能」がこれを書け、この人たちとのことを書けというのだ。そうしたらお前は救われるとでも命令するかのように。

私の望遠レンズが過去を捉《とら》えて、風景が、人物が、思い出が、私の中に身近なものとして溶け込んでくるので、苦しいけれど毎日訪れる現実の生活が寂しくないのである。ナルホドね。思い出すということはなにか後ろ向きの感情として捉えられてもいるが、私の場合は、物凄く力強いものとして蘇《よみがえ》ってきたのである。

過去を思い出すことは、私が不器用ながら懸命に生きてきた証《あか》しであり、そして今を懸命に生きることが、時が経ち振り返った時に、自分の素敵な思い出になるのだと思えば、この命の時間を愛《いつく》しみ大切にする気持ちが湧《わ》き、私を奮い立たせてくれるのである。それは老いというものに向き合うことにも通じているのだと思う。

「明日のことはわからない」という言葉をみんなよく使うが、本当に明日が見えなかった私は、今こうして生きていることと、濃縮された過去の思い出を指標として、また明日へ向かって前に歩みを進めるしかないのだ。

この苦しい現実を白黒の世界の中で生きるのではなく、やはり色彩のある人生として歩みたいと切に思うようになったのである。そして書くことによって、病で身についた余計なものが少しずつ削れ、過去の時間も色づいたものになっていった。
どうして私は正気を失わず、また立ち上がろうとしたのか。そしてこの世界に戻って来られたのか。今励まし肩を組んでくれている人たちと共に、温かく接してくれた、亡くなられたあの人たちのことを思い出しながら考えたい。

私は許されて、またカメラの前に立つことができたのだ、そして書くことも。

# 目次

## 第2章　病と共に生きるとは

## 第3章　あの人たちを想う



## 第4章　この人たちと生きる

## 第5章　夕暮れ時が一番好きだ

# 第6章　静寂と修羅

# 歌うように伝えたい

## 人生を中断した私の再生と希望

# 第1章　私の病との闘い

## 「人生が中断する」ということ、立ち直るということ

2021年 早春

人間は産まれて、生きて、老いて、死ぬ。このシンプルな川の流れの中にある「老いて」と「死」の間に「病《やまい》を得て」という石を投げ入れてみる。

産まれて、生きて、老いて、病を得て、死ぬ。

静かな川面《かわも》に波紋が広がる。病という石によって予期せぬ形で残された人生の時間を、立ち止まり、時折沈み込み、かがみこんで見つめる。耳を澄まし、聞こえない声をも聞こうとする。そして改めて、今生きている自分を尊重し自覚し、これからの命の行く末を覚悟をもって模索する。

この病という石からの波紋。苦しくも愛《いと》おしく、そして厳しい時間は、私の人生には必然であって、これを豊かなものにしてくれた。今では、まるで天からのギフトだとも思えるし、そして人生最後に与えられた厳しい冒険の旅なのではとも思える。過去が、思い出が、懐かしくもこんなにも力強いものとして光芒《こうぼう》を放ち蘇ってくるとは思わなかった。私にとってリアルで貴重なこのギフトの時間を大切にし、抱きかかえてきたものを思い出して書き連ねた。

2013年から2014年にかけて、自分で自分を制御できないほどに映画やテレビの仕事が忙しくなった。

以前は演《や》りたいものだけにこだわっていたが、私はそれまでのスタンスを崩し、オファーの全てを演ろうとした。映画2本、アート展用の銅版画の作成、大河ドラマ、連続ドラマ3本、CM2本全てを1年かけて走り、プロとして無事に納品した。当然、仕事がら毎年の健康診断は必ず受けており、人間ドックではいつも健康という評価であった。しかし60代半ばを過ぎた私には慣れぬスケジュールがこたえたのだろう、すぐに私の身体は耐えられなくなり、壊れた。

世間から見捨てられたように、病院のベッドの上で「一匹の虫」となって横たわり、窓から見える桜が満開になり、そして散るまで、そのまま泣きながら過ごした。裸足《はだし》で立ち上がり、やっと二本の足で歩けるようになった時にはすでにジメジメした梅雨に入っていた。自分は何を失ったのか……。

この病の門をくぐった者には希望はないと言われる。しかし、門をくぐった私はまだ小さな可能性を求めている。不断の苦しみの中で何故かまだ生きようとしている。生きなければならないと思うのは、私の命と希望は決して私だけのものではないということを感じているからだ。

そして何よりも私自身が、めいっぱい生きているという「命の実感」がなければ嫌なのであろう。人生はやはり魅惑的なものであることを確認したいのである。私の居場所はどこにあるのか……。そのことを知るためにも、俳優として生きてきた私にしかわからない、誰も覗《のぞ》き込めない世界を行き来してみた。

## 発症

2014年3月19日、その日は朝から肌寒い日であった。

3年間休むことなくやって来た仕事が1週間前に全てアップして、1ヶ月後に始まる新しい仕事までの間を私は自由で気楽な気持ちで過ごしていた。いつになく多幸感に満たされていた日々だったのは覚えている。それだけに……。

携帯電話を新機種にするために近くの販売店に歩いて行った。歩いていると何故か足の運びがふらついている。が、まあ何てことはないだろうと用件をすませ、あまりの季節はずれの寒さなので、タクシーで帰宅した。

疲れているのかなとソファに座り休んでいた。少し吐き気がするなと思っていたら、ドクンと胸が突かれると同時に、自分の意思とは関係なく左側に身体が倒れた。何かがおかしかった。起き上がろうとしてもがいても身体が動かない。後で思うと、この時に起き上がろうとして懸命に動こうと力を込めたので出血が広がったのかもしれない。しかし自分の身体に何が起きているのかよくわからなかった。実際しばらくして帰ってきた妻がその異常さに救急車を手配したが、私は「大丈夫……少し休んでいれば大丈夫だよ」と応《こた》えていた。

自宅から5、6分で着く聖路加《せいるか》国際病院の救急は混んでいるとの会話が行き交っていたのも覚えている。そして港区にある虎の門病院の救急救命センターに運び込まれた。その間意識が途切れたことは瞬時もなかった。住所、電話番号、生年月日、九九算など、医師の質問にも自力で応じ、的確に答えていたと思う。

妻と義妹がベッドの側《そば》にいたことはぼんやりと覚えている。しかし意識があったのはそこまでだった。妻に後から聞いた話では、私は朦朧《もうろう》とした中でしきりに「開頭して手術してくれ」と言っていたらしい。私の知り合いで開頭手術で完治した人がいたのが記憶のどこかにあったからだろう。

「すでに脳内出血しているので開頭手術をしてもリスクが高いだけです。このまま後は状態を見守るしかない」

担当した医師にそう言われたそうだ。脳外科的にはやることがないということだ。要するに私は重度の脳出血だったのである。

24時間体制の緊急時対応で見守られる中、どうやら私はいわゆる生死というものを行き来し、彷徨《さまよ》っていたらしい。この期間私は無意識の中で不思議な死者たちの夢を見た。自分に死がひそかに近づいてきて、危機が迫っていることを感じていたのかもしれない。

どのくらい時間が経ったのか、3日目ぐらいなのか。はっきりと覚えているのは管を何本もつながれた身体で猛烈な、焼けるような喉の渇きがあったことだった。

ともかく「水、水……」と叫んでいて、その時、虎の門病院の言語聴覚士の土橋さんに「あなた、今、水をこくりと飲んだら死ぬわよ！」と両手で顔を挟まれ、怒鳴るように言われた。緊急入院してから霞《かすみ》のかかる意識の中で、夢が覚めたように私はハッとした。土橋さんが綺麗な人だったのは覚えている。彼女はいつも急患の対応で病院内を飛びまわっていた。脳疾患で倒れた直後は喉から食道のあたりが麻痺している場合が多く、この状態で水などを飲むと誤嚥《ごえん》性肺炎を発症し、極めて危険なのだと土橋さんから教えられた。

そして集中治療室から通常の病室に移っても、ガーゼに染み込ませた水を摂《と》り、その後とろみをつけた水へと変わったが、水分を欲しがる身体が何か得体の知れないものと闘っているのか、猛烈な喉の渇きを覚えた。これが初めての身体性としての「生」の感覚だった。病と闘って、身体というか体力が削り取られていくのがわかった。なんとか命だけはとりとめたらしい。

この病で命をとりとめたということは外科的には実質、医師のなすべき仕事はなくなり、ある意味で「病」ではなくなるのだ。このあとはリハビリの世界に入る。この2〜3日で救急の状態を脱すると、多くの人はなるべく早い段階で身体のリハビリにトライするようである。リハビリは早ければ早いほど効果がでるのだ。しかし無理をしすぎると再発の心配もある。

私はリハビリ室で、いっぱいに管を付けられた動かせる右手で平行棒にしがみつき、「怖い、怖い……」と言っていた。動かす度に手の甲に突き刺さる針の痛さもあるが、その痛みと共に踏み出す一歩は、大きく口を開けている暗闇に入って行くようだった。ここでは理学療法士さんに抱きかかえられていても一歩も踏み出すことができなかった。

半身麻痺の状態で車椅子《くるまいす》に乗せられて、よく二人の看護師さんに病院の屋上まで連れて行ってもらった。軽症の患者さんたちが人工芝の上を各々の歩き方で歩いているのが羨ましく、いつまでも眺めていた。

「シオミさんが生きようとする無意識の気持ちと、健康で強い身体があなたを助けてくれたのですよ。大切な生命ですよ」

そう言われた看護師さんの言葉を覚えている。この急性期の病院で命の危機を脱した私は10日間ほどで回復期リハビリテーションの病院に移されることになった。私が生死を彷徨ったこの虎の門病院本院は、時が経ち、現在は新しく建てられた建物へ移っているらしい。
この10日間で体重が10キロあまり落ちた。その10キロという筋肉の塊が、命の代わりに捧《ささ》げられたのであろう。

## 離れ小島

そして本院を後に、回復期のリハビリテーションを行うため、妻と二人で車椅子のまま介護タクシーに乗って、都内から1時間弱の川崎市梶ヶ谷《かじや》にある虎の門病院分院に入った。移動の車中で見た、虎ノ門から渋谷を通った都内の景色は良く覚えていた。しかし、後で妻にそのことを話すと「あなたはその時は呆然としていたよ」と笑われた。

ここは池と樹々のある庭に囲まれた病院で、都心の虎ノ門から電車で40分ぐらいしか離れていないのに、私にはこの地が完全に世間から隔絶された陸の孤島のように思えた。そしてそのまま、戦場で傷つき、負傷した戦士のようにこの島の病室に身を横たえた。

生まれて初めてとも言える長期の入院。病室のベッドに身を起こして穏やかな春の陽射しの中、窓に張り付くような満開の桜を見ながら、何故か心の底から「ホッとした」気持ちがあった。

あの一瞬の気持ちは生きのびた悦びからくる安堵《あんど》ではなかった。それまでの人生、私は逃げ回って生きてきたわけではない。人間は弱い生き物であることを充分に理解して、力の限り精一杯もがきながらも生きてきたつもりである。あの一瞬のホッとした気持ちは何だったのか、今でも不思議でわからない。

ここでのリハビリは心身共に厳しいものであったが、病の深刻さを忘れた、あのホッとした安寧《あんねい》はもしかしたらパラダイスにいるようなものだったのか？　生きている人間がその生涯で一度だけ感じる安らぎの時間であったのかもしれない。

しかし現実の私は右脳の出血により、左半身の運動と感覚神経が麻痺していて手も足も動かない。自分でも信じられないことだが、それまでの人生にはもう戻れないのだ。日常で何気なくやっていたことができない状態であり、重度の障害を抱えてしまったのである。

病棟の廊下の突き当たりには全身が映る大きな鏡があった。発症して初めて私は車椅子に乗った自分の全身の姿を見た。顔は歪《ゆが》んでいて口元は左が垂れて下がっている。左肩は2センチ程脱臼《だっきゅう》していてダランとして棒のようだ。自分では真《ま》っ直《す》ぐに座っている感覚なのに大きく左に傾いている。目はくぼみ死んだ魚のように焦点が合わず、髪は白くなっている。座っていてもわかるくらいに瘦《や》せた自分が鏡に映っていた。私は言葉にならない叫びで妻を呼んだ。側にきた彼女はただただうなずいて、俯《うつむ》いていた。誰なんだ、この男は……。これが、全ての始まりであった。私がこの深刻な病気に本当に気づいたのはここかららしい。

この病院は1階に診察室、CT、MRIの検査室、こぢんまりとした売店があった。私がいた2階はエレベーターを中心として左右に二つの病棟とナース室があり、左側の棟には私たちのように自力でまだ動けない患者の病室がコの字型に並んでいた。右側の棟は心臓の病気や透析が必要な患者さんたちの病室、それに食堂兼デイルームがあり、地下1階がリハビリの場所であった。

最初、私の部屋はナース室に近いところだった。静かな病院だが、毎朝明け方に、あれは近くを通る国道246号線で都心に向かう陸送のトラックの音だろうか、微《かす》かに排気の音が聞こえて目が覚めた。そこから、朝の病院が動き始めるまでの時間はそれまで経験したこともないほど恐ろしく寂しく苦しかったことを覚えている。起床時間になるとベッドから看護師さんの手を借り車椅子に移り、右手を使って車輪を漕《こ》ぎながら車椅子を動かして移動し、部屋の中で朝食を摂る。

午前中はエレベーターで地下に下りて、手のリハビリである作業療法（OT）と言葉のリハビリである言語聴覚療法（ST）を行い、その後また2階の病室に戻り昼食。午後は同じく地下にあるリハビリ室で、歩きのリハビリである理学療法（PT）を行うための移動を繰り返した。その時期、私の世界はこの繰り返しが全てだった。

2階の病室はリハビリとは切り離されていた。他の回復期の病院は早く良くなるために日常生活の動作まで、一日の全てがリハビリに費やされるところもあるらしいが、この病院では2階の病室に戻るとリハビリとは切り離され、普通の入院患者として過ごす。私にはこの方が合っていたと思う。情けないがなんせ自分の身に起きたことを悔やみ嘆いている段階で、自分の殻に閉じこもった病人であった。

リハビリは療法士に心身共に預けることで成り立つものなのだが、私はまだ、リハビリへの積極的な姿勢に切り替えられなかった。夕食後は就寝までこの小さい世界の居住者になった。この世界に5ヶ月もいることになる。

## ドラマの中の自分との対面

車椅子に座ると自分の目線が下がるので周囲からの圧迫感があり、押し寄せてくる何かを撥《は》ね除《の》けるエネルギーが私には必要だった。身体の左側がまだ麻痺して感覚がないので、動かない左手が車椅子の車輪に巻き込まれないようにするため、必ず右手で左手を持ち上げて、自分の膝《ひざ》の上に置くように習慣づけるのが最初にやるべきことだった。簡単な動作なのだが、左手に感覚がないので、左手は存在しないも同然で、ブランと車椅子の外側に垂れ下がったままになってしまい、私はよく注意を受けていた。またその頃は左側が視野狭窄《きょうさく》の状態で、真っ直ぐ進んでいるつもりでもよく左側に寄って進んでしまい、物にぶつかっていた。

転院して数日経っても、ある日突然自分の身に起こったことが信じられず、悔しくてこの自分を恨み、後悔ばかりしていたのでリハビリも一向に進まない。最初は穏やかな病人だったが、それまで自由に生きてきた私は、逃げ場のない、規則正しいこのリハビリ生活に苛立《いらだ》つようになってくる。

「冗談じゃないぞ!」

自分のあまりに酷《ひど》い症状故のことだろう。リハビリの療法士の人たちとの関係もギクシャクしてきた。唯一気をつけないといけない血圧もリハビリ室に行くだけで急に上がった。

4月の半ばになると、2月末にクランクアップしたばかりの連続ドラマの第1話の放送が始まった。病室でそれを観ていたら、アップで映し出されている私の顔は何故かよそよそしく、自分のようではなく思えた。テレビという虚構の世界で生きているつもりの私だったが、病室のテレビは部屋の家具の一つとしてあり、心血を注いだドラマもテレビという箱の中に収まった、ただの写し絵のように淡々と流れていた。

翌日、携帯電話の電源を入れると、電話が鳴り、メールでドラマの感想が一気に押し寄せてきたが、このほかにもう1本別の連続ドラマがあったので、自分が今倒れて入院していることは誰にも知らせていなかった。それからは、携帯電話の電源をずっと切っていた。

テレビドラマという虚構の中で生き生きとしている自分がそれまでの私であり、倒れる寸前までの私。それが今テレビに映っている自分。

それに対して、今それを見ている自分がいる。このテレビの中の私は本当に私なのか？　それとも私の影なのか。

生き生きとしている故に哀《かな》しく思えて、ベッドの上でそれを見ている自分の状態を現実として受け入れるには時間は余りに短く、酷であったのだと思う。私の血の気は失《う》せて事態を整理できず、ただただ、病室の片隅のベッドの上で嗚咽《おえつ》が止まらず泣いていた。

ただ死ななかったから、生きていただけなのだ。私はこの身体がもう二度と目の前のテレビの中にいる自分に戻らないことを、この半身不随の状態でこれから生きていくということを受け入れなくてはならない。その時私は死のうとは思っていなかったが、発作的に自分が何をするかはわからない状態ではあった。

その夜は眠れずに明け方まで、ナースコールを異常なくらい何度も押し続けていた。今思い出してもその時の感情は説明できない。もう一人の自分との出会いであった。

この期間、病室にはハサミとか尖《とが》った金物は置かないようになっていた。いや私がそうしてほしいと頼んでいたのかもしれない。

## 尊厳というものの獲得

入院して最初のCTで撮った私の頭の真ん中あたりに、小指第一関節くらいの大きさの白い影が写っていた。それは脳の中で出血した血の塊の影であった。確認するのも怖いくらいで、黒い画像の中で大きな白い虫が這《は》っているようだった。その血の塊が身体の左側の運動神経、感覚神経を侵しているのであった。

時間が経つとCTを撮る度に白い影は医師の言うとおりに小さくなって行った。それから、3ヶ月後には脳に吸収されて跡形もなく消えていた。だが出血によって一度侵された脳神経はもう二度と元には戻らない。だから、侵されなかった健全な脳神経に役割を担ってもらい、そこに新しい回路を形成していく。そのような脳の可能性を見つけて、反復して脳や身体に覚えさせるのがリハビリの一環の作業なのだと医師もリハビリ療法士も言う。理屈はわかるが、はたしてそんな途方もないことが、このリハビリというアナログな作業で可能なのかと、私はもう二度と元には戻らないであろうと思いながらも、今はこの言葉を頼りに自分の身体に信じ込ませるしかなく、リハビリを繰り返した。

病院内の規則的な生活の中に組み込まれて、私は飼いならされた羊のようになっていった。当然のことのように私は病人として、車椅子の男として扱われる。病院という他人の管理下で、こうしたルールの中で生きるというのは初めてのことであった。戸惑い、不満を抱きながらも、リハビリに傾注していた。

院内では色んなことが起きる。それを見て、病院では思わぬ危険な事故が起きるので、こうして規則的なことを患者に徹底させないとならないのだろう、身体と気持ちが相反しているこの病の患者には、院内のルールが必要なのだなと思うようになっていった。

そして、俳優というフリーな職業である私は、この不自由な縛りがあるここでこそ、ある意味でアウトローとして生きてきた自分の持っている力の全てを出さなければと思い始めた。そうしなければ、私が私でなくなるのではと、自分自身の身体を見直し、信じて、私なりにリハビリに取り組もうという精神状態に戻すところまで持っていった。私はまず、「自分の身体はヨチヨチ歩きの赤ん坊」なのだとの仮説をたてて、歩きのリハビリに本気になって取り組むようにした。

病に倒れてから1ヶ月余りが経ち、私はリハビリ療法士の「まだ歩くのは無理です」という警告を振り切り、無理を言って足首を包帯でガチガチに固定して、車椅子から立ち上がり、裸足でベッドの周りを寄りかかりながら伝い歩き、平行棒に身を任せた。

左足は感覚がなく、膝は思うように曲がらなくて全く動かない棒のようだ。厄介なのはつま先である。足首をL字にして動かさなければ当然歩くことはできない。しかし麻痺しているのでだらんとして動かない。このままでは筋力も落ちてしまう。

膝と足首を固定した、太腿《ふともも》に届くような長くて重い装具を左足に着けて歩く段階になった。療法士の支えを借りながらであるが、右足を軸にしてトレーニング室の端から端までを歩けるようになった。

その時立ち上がった私の目線が上がり、立っている人たちと同じ目線になって、10

メートル弱の距離であったがハアハアと息が上がりながらも歩けた。そのことで、歩くというのは単なる移動する手段ではなく、何かもっと根元的なものなのだとわかった。人間としての尊厳みたいなものを少しずつではあるが取り戻してきたのである。

最初の頃は、歩くのはリハビリ室の中だけで、基本的に院内の生活は車椅子であった。そして時間が経つにつれ、装具を着けてではあるが杖《つえ》をついて歩けるようになった。リハビリの部屋を出て、同じフロアの中庭を囲んだ回り廊下をゆっくりと歩いた。

リハビリの時間が終了した夕方、療法士の許可を得て妻を頼りに、初めて軽いナイロン鞄《かばん》を肩にかけ、ヨロヨロと1階の売店に買い物に行ったり、玄関を出て病院内の庭を少し歩いたのもよく覚えている。大きな進歩であり、リハビリ用語としての「獲得」であった。

それから、自分の足の型をとった専用の装具を作ってもらい、車椅子を使わずに時間をかけて初めてリハビリ室からエレベーターに乗り、2階の自分の部屋までたどり着けるようになった頃には、倒れてから3ヶ月経っていた。しかし、左手はいくらリハビリをしてもピクリともしなかった。

運動神経の麻痺と、感覚に麻痺がある感覚障害の状態。この頃、看護師さんが薔薇《ばら》など匂いのする花を嗅がせてくれると嗅覚《きゅうかく》はあり、また左眼に目薬をさしてもらうと感触があり、眼の感覚が戻ってきたので、看護師さんや妻とも喜んだものだ。視野狭窄の症状も改善してきて、口元の歪みと発声は自分で鏡を見てリハビリができるので徐々に通常に戻ってきた。ただ左手の感覚は今でも無いに等しい。

超スローで危ない感じであるが、なんとか歩けるようになった。そしてここからは自分の頑張りだけでは、モチベーションの維持と展開に限界を感じるようになっていた。

「もっと、同じ病気で苦しんでリハビリを頑張っている人たちと交われば良いのに」

看護師さんたちにもよくそう言われていた。そこで私は自分の限界の幅を広げようと思い、同じ症状を抱えた人たちに交わり、彼らを、競う仲間、ライバルたちと位置づけて励まし合うようになっていった。精神的にはこのことが大きな意味を持っていた。自分一人の殻に閉じこもっていたリハビリが、ある展開力と想像力を持ち始めたのだ。

そこで見た、あるいは交わった人たち。それぞれの入院患者たちのドラマは一つひとつがリアルな生き様であった。それは現在の私の日常の考え、虚構の世界に向き合う原点ではないかと思うような体験であった。その人たち、病気に立ち向かうある意味での戦友たちのことを、この普通でない状態の中で、普通の人たちがもう一度日常生活を取り戻すための壮絶な「あの人たちの闘い」のことを、少し記したい。

## 戦友たち

Mさんは当時50代後半だった。自宅で倒れて2日間誰にも気づかれずにいたが、たまたま訪ねて来た友人に助けてもらい一命をとりとめた。私より2ヶ月前にこの病院に来てリハビリに励まれていた。見た目は歌舞伎《かぶき》役者のような優男《やさおとこ》で看護師さんたちにも人気があった。Mさんは青山にある店で料理の仕事をしていたが、病院で意識が戻った時はすでに1週間経っていて、倒れたことを店には連絡できなかったそうだ。この回復期の病院に転院して来た時は、手も足も動かなくて寝たきりだったが、凄い量のリハビリをこなされたらしい。私が入った時はもう杖なしで歩かれていて、「リハビリ次第でここまで……!」と妻と共に目標にした人だった。

約半年の入院中、Mさんを訪ねて来られた人は一人もいなかった。それまでも一人で暮らしていたらしく、どんなことをしてもこれからの人生を一人で生きて行かねばという執念が彼にはあった。患者の多くは病院内で車椅子を使わない生活になるのが一つの目標なのだが、Mさんは車椅子から解放されると、夜になっても歩きのリハビリを繰り返された。すると病院側は、転倒などの危険から守るため、彼を車椅子の生活に戻し、規則で縛るようになった。Mさんにとっては不満だったろうが、病院の処置が正しいのだ。行きすぎた行為は危険だからだ。

この病院では入院病棟での生活とリハビリは完全に分かれている。院内の看護師さんのレベルは全国でも最高クラスで、看護師の仕事に皆さんが誇りを持っていらした。私も長い時間、色んな話や院内での不満を聞いてもらったりした。多分私の話は支離滅裂で狂気めいていたと思う。この兎《と》にも角《かく》にも話し続ける、相手の話を聞かない症状は退院後もしばらく続いた。これもまた脳疾患の後遺症なのだった。

Mさんは右側の利き手が麻痺で思うように動かない。足と違い手というものは、よくぞ神様は人間にこんな機能を与えたと思うくらい、肩から指先まで繊細に動く。故に損傷するとリハビリは想像を絶するぐらい困難である。料理人のMさんは調理ができるぐらいまで快復していたが、ある日、トマトと手がわからなくなったと笑っておられた。左手でトマトを切っていて、感覚のない右手も切ってしまったということだ。

現在、回復期リハビリテーション病院に入院してリハビリを受けられるのは、脳血管疾患の場合、障害や後遺症の度合いによって最長150〜180日（5〜6ヶ月）と国で決められている。何年か前までは期間は定められておらず、その人の症状によって日常生活を送るのに必要なリハビリも受けられたようである。だが、今では何でも平均の数値をとり、法律で定められている。入院上限日数に達すると、まだ車椅子の人であっても否応《いやおう》なしに「卒業」なんて言葉を使われて退院しなければならない。そうなると自宅をバリアフリーに改築するしかない。本人にも家族にとっても酷なことである。

退院が近づいた最後の日々、リハビリの仕上げとして近くの最寄《もよ》り駅まで療法士さんとバスに乗り街に出る。私も妻と三人で田園都市線・宮崎台駅の賑《にぎ》やかな駅前に行ったが、外に出られたという幸福感はなく、自分で思っていたような感慨はなかった。もう病院生活の人になっていたのだろう、いや自分の気持ちは街に出ることでなく、その先のことを考えていたのだと思う。

この頃すでにMさんはスーパーで買物などもできるくらいになり、私のヒーローだった。日常生活に戻ること、つまり退院のことを私たちは「シャバに出る」という符丁を使って言い表していた。Mさんはそのシャバに出る数日前に、療法士の人と街中に出て、そのリハビリ中に街の信号の意味がわからないことが判明して退院が延びた。信号の色は見えていても、「赤で止まり、青で行く」という信号の概念が頭から抜け落ちていたのだ。

その話を聞いて脳を傷つけるということの怖さに私はゾッとした。高次脳機能障害の場合、例えば音を聞くことはできるが、その直前に聞いていた音を憶《おぼ》えていないとメロディー（旋律）というものがわからない。音の連なりを音楽として認識することができないのだ。説明が難しいが、私は信じられない事例をたくさん見聞きした。

Mさんがこの病院をついに退院しなければならないある日の午前、彼がタクシーに乗り、一人で去られるのを私は玄関で見送った。

「シオミさん、神様仏様も、もうこれぐらいで、私たちを許してくれますよね……」

との言葉を残して彼は去って行った。高次脳機能障害は克服されたのだろうか、どこに行かれたのだろうか。強い人だった。

会社勤めのサラリーマンの人たちも何人かいて、彼らは仕事に復帰するため、通勤電車のラッシュに合わせて会社に行けるかどうかという判断を基準にリハビリをしていた。働き盛りだったOさんは、もう私から見れば通常の人と変わらなかったが、それまで築き上げた会社でのキャリアを捨てて、故郷に帰ることを苦渋の中で決断されただいた。Oさんには入院中、何度も励まされ、リハビリの実践的な気構えなどを教えていただいた。広島に帰って、頑張られている。今も交流があり、私にできるのは「自分の仕事」で、復活して生きているというのを彼に報《しら》せることだ。

同じ入院病棟で2階のエレベーターを挟んで反対側の病棟の透析の人たちの中には、腕に管を付け、ストレッチャーに横たわったままリハビリ室に連れて来られる人もいた。そのまま療法士が手を貸しリハビリ用の寝台に移し、2〜3分手足を動かされ、すぐにまた看護師さんが病室に連れて帰るという生活をしていた。人間はどんな状態になっても生きている限り、少しでも身体を動かさないとダメなのだと教えられた。その人にとっては数分の動きが、マラソンのような生きることへの喘《あえ》ぎだったのだろう。

そして私の病室から3室挟んだ部屋にはFさんがいた。

何時《いつ》もベッドに寝ていて、手にはミトンの手袋のようなものをはめていたFさんは、まだ大学生くらいなのか美しい娘さんだった。たまに車椅子に乗せられていたが、夜に時々、彼女の部屋から叫ぶような声が聞こえることもあった。看護師さんたちも彼女にはデリケートなしっかりとした対応をされていた。

「つらかろうな……」

私は彼女の病室前を通る度に自分の酷い後遺症も忘れて、静かに眠っている美しい顔を思い、すこしでも回復してくれと祈った。彼女は脳疾患ではあろうが、どんな病だったのだろうか。ご両親は品の良い素敵なお二人だった。交代でずっと付き添われていた。ご夫婦は都内の家を離れてこの病院の近くのマンションに住んでおられた。この娘さんとこれからの人生を賭《か》けて生きるということだ。院内で入院患者はたいてい作務衣《さむえ》風の病院服や市販のジャージなどを着ていたが、お母さんは彼女にいつも手作りのパジャマのような素敵な服を着せていた。私は自分がどんなに苦しくても、このご両親には絶対に笑顔で接していた。

いつも夕暮れ時に私は家に帰る妻を車椅子で病院の玄関先まで見送り、そのままボンヤリとしていた。ある日いつものように夕陽を見ていたら、そこは外のベンチと繋《つな》がっているような場所なのだが、娘さんのお父さんが話しかけてきた。

「タバコ吸っても良いですか」

ああ、お父さんはタバコを吸われるのだと、なんだかホッとした。

そして暫《しば》らくしてタバコを携帯灰皿に揉《も》み消しながら言われた。

「シオミサンセイさんでしょう。歩いてここを退院されて、またテレビに出てくださいね、うちの娘はもう……」

お父さんは恐らく私より若い。そんな彼の精一杯の笑顔の励ましだった。

「いえ、私はもうあの世界には、戻れないと思います……」

私はそう答えてしまった。実際、その時の私の失意と身体では俳優は無理だと思っていた。ていた。しかしどうして、あのお父さんに「はい、頑張ります！」と言えなかったか、言わなかったのか。当然、この私の素っ気ない答えに、彼は啞然《あぜん》とされていた。私はこのご夫婦にはいい加減なことは言ってはいけないと瞬間的に思ったのだろう。そして、不思議なことに「もう俳優はできない」と答えた時から、モヤモヤしていた私の頭にカチリとスイッチが入ったような気もした。

私は極めて正常な判断をし、咄嗟《とっさ》に考えて返答している。頭の働きが戻ってきているること、人とのやり取りが自分らしさを取り戻して来ていることを確信した。お父さんと私のあいだに、無意識のうちにあの娘さんの存在があったからであろう。私の傷ついた脳が無意識の領域まで感知し、言葉を選び出したのだと思う。あの夕暮れ時は忘れない。

そんな日々が続くうちに、やがて彼女が車椅子で地下のリハビリ室に来るようになった。理学療法士と足を動かす訓練を受け始め、それができない時は療法士が自ら彼女の病室に行って訓練をしていた。

そして入院から4ヶ月ぐらい経った頃、私はやっと車椅子から開放され院内を自由に、ヨタヨタしながらも杖をついて歩けるようになっていた。この病院の4階でエレベーターを降りた所に広い空間があり、窓際に立つと、そこからは遠くに富士山が綺麗に見えた。そこには誰も居ないし人もあまり来ない。私はたまに一人で気晴らしに富士山を見に来ていた。いつか自分が自力で杖なしで歩けるようになり、Fさんの車椅子を押せるぐらいになったら、ご両親と私でここへ彼女を連れてきて、富士山を見せてあげたいと思ったのだった。

私が退院する前の日、思い切ってFさんの病室のドアをノックした。お母さんが付き添っておられて、私は退院の旨を短く告げた。お母さんはニッコリ微笑《ほほえ》みながら、胸のところで小さく十字を切ってくださった。私は娘さんの汚れなき天使の顔を自分の心に焼き付けようと思ってベッドの方を見たが、ドアとは反対側に身体を向けられていたので叶《かな》わなかった。Fさんは最後まで私の存在を認識してはいなかったと思う。いや、それはわからない。こちらが勝手にそう思っているだけかもしれない。

そんな人たちの中で、今までの生活では考えられない人間の営みを経験し、病棟やリハビリ室で、私を含めて刻一刻を生きている人たちのフィールドの中、私は今までやってきた俳優という仕事を簡単に諦めることが恥ずかしくなっていった。もしもオファーがあれば、世間の人が何を言おうとこの不具合な身体をもって困難を乗り越えよう。地を這いずりながらでも、あの人たちの壮絶さを思い、そして自分自身の小さな可能性を信じてもう一度カメラの前に立とう。半身不随だからといってこれからの限られた生の時間を諦めるわけにはいかない、と誓ったあの夏の日々だった。

回復期の病院で5ヶ月を共に過ごしたあの人たち、生きることへの勇気をくれたみんなともう一度逢《あ》いたい。何としても職場に戻ろうとするサラリーマンの人たち、横柄で王様のようだった画家、「お父さーん」と夫を乗せて去っていくバスに2階の窓から悲痛な声で毎日呼びかけていた主婦、動くのを諦めようとした老人、意識すら無くしかけていたあの若い娘さん……。これからも、私がやろうとする仕事がもしもできたら、それはあの人たちの寂しさのお陰でもある。人の快復を願わずして、私の快復もないのだろう。あの場ではもう飾りようのない生を剝《む》き出しにした愛すべき人たち。私は絶対に忘れない。

### 本当の悲劇

8月に入ると退院に向けてリハビリは加速するが、できないことが多すぎて私の気持ちは不安が増していった。

私は両手で顔を洗えない。喜びや感動を伝える拍手をすることができない。左手でお茶碗《ちゃわん》を持って食べられない。床に座る時はまだあぐらまでで正座はできない。家の中は全てを洋式の生活にしなければならなかった。

医師も当然ながら退院後の安全のために、日常で普通にはできないことを一つひとつ説明してくる。私はできないことのあまりの多さに愕然《がくぜん》とした。これまで基本リビングだけは和の様式にこだわり生活していたが、それは無理だと医師に告げられた。私は反発した。一緒に聞いていた妻は席を立ち病室に帰った。私が反発と悔しさで病室に戻ると妻は泣いていた。普通の日常生活ができなくなってしまった私のことを、あまりにも不憫《ふびん》に思ったのだろう。病に倒れる前までは、私も妻も日常の些細《ささい》なことが愉《たの》しく、小さな世界を愛《いつく》しみ生活してきたのだった。妻は「可哀想、可哀想」と呟《つぶや》き泣いていた。

病室の入口で立ち尽くして見たその光景に、ここで本当の悲劇が私たちを襲ったのだとわかり身が震えた。もちろん身体のケア、リハビリは続けてやるとしても、妻には申し訳ないが、このまま静かに流されていくのも二人の人生なのかも、と思った。

この時から緩やかながら、私の身体の中から生という血の流れが冷たくも流れ出したのかもしれない。

「シオミさん！　奥さん、泣かしちゃ駄目ですよ！」

背後から看護師さんの声が聞こえた。

「違うんです。いや、はい、わかってます」

そう言いたい言葉をグッと飲み込んで、私はジッと無言で立っていた。私たちはもう病院に頼らずに、生きていかねばならない。


現代は、医学や医療がものすごく発達していて、病気で死ぬ確率は飛躍的に低くなり、生きる、そして生かされる。素晴らしいことであるが、そこからは生きての「生活」が始まる。

命を救った段階で医師の役割は終わる。命を得た患者はギリギリの精神と身体をもって日常生活の中へ戻っていかねばならない。そこでリハビリの役割は大きいものになる。だから、リハビリの療法士さんたちの仕事は、命をとりとめ生還した者がこの世の中で、あるハンデを背負い、生きていくため、現代医療の中で最も重要な役割を担っている。障害を持った人たちを技術と熱いマインドでもって支え、患者と認識を合わせて送り出す。

ここでの私のリハビリは残念ながら療法士さんたちと真のタッグを組めなかったように思う。それは私自身のリハビリへの認識の甘さと覚悟のなさ故だろう。でも、杖をつきながら院内を歩けるまでにはなった。医師、看護師、療法士の皆さんには感謝しかない。決して良い患者ではなかったのだ。これからは、退院後にどれだけ頑張れるかだった。私は不安を抱きながらも退院した。

## 孤立する、気力を保つ

住んでいる地域のケアマネージャーの田中さんに退院後のリハビリなどをセットしてもらう相談をした。ここからは妻と二人で想像できない世界に入ることになる。それは本来送っていた普通の日常生活であるはずなのだが……。

退院したその日から車椅子を一切使わないことを妻と約束した。外では杖をついて歩く。家の中では杖も使わずに歩き、生活している。妻に頼りきりではあるが、なんとかこの7年頑張っている。

朝起きがけに自分が軽やかにスタスタと歩いている夢を見る。

「なーんだ、やっぱりユメか……」

目が覚めてそのままベッドから降り、歩こうとしてガクッと床に崩れることが何度かあった。怪我《けが》をしなくて良かったという気持ちよりも、現実に引き戻されたショックが強く、呆然と床に不自然な格好で座り込むしかなかった。

自動車の運転もできないことはないのだろうが、左手が不自由では危険すぎるので車は手放した。世間の普通のスピードから外れ、超スローな生活。退院後は良いと聞いたらタクシーを使い、都内の鍼灸院《しんきゅう》やリハビリ実績のある大学病院などに通った。時には新幹線を使い大阪に治療を受けにも行った。しかしリハビリに魔法はなく、コツコツやり続けるしかない。長い闘いになることを自覚した時はすでに新しい年になっていた。

毎日のリハビリはあくまでも生きていくための手立てであり、人生という大きな枠組みの中の一つの作業でしかないのだと思うようになっていった。そうでなければこれからの人生は寂しく哀しすぎる。退院して、そこで世の中から取り残されて一人になった辛《つら》さと、リハビリの疲れがドッと出たのであろう、精神的に凹凸《おうとつ》が激しく、イライラと落ち着かない日々が続いた。この命を活《い》かすためのリハビリがキツイ。もう以前の自分に戻れないことを自覚するのにずいぶん時間がかかった。否《いや》、その闘いはまだ続いているが。

恐れ、喜び、泣き、悔やむ……。その感情というものは一見弱いものに思えるが、実はそれが一番プリミティブで普遍的、本質的なものだとも痛感した。「しっかりして！」と妻に肩を揺さぶられながら、私は命があった感謝も忘れて、感情のままに嘆き、悲しんでいた。

退院後のこの時期はテレビなどはほとんど観なかったが、相撲だけは観ていた。豪栄道、遠藤、逸ノ城《いちのじょう》、照ノ富士などが人気で、私は辛い生活の中ではあったが、立ち上がって、琴奨菊《ことしょうぎく》のあの背を反らすイナバウアーのパフォーマンスをマネたりして、少し調子に乗り、妻を笑わせようとしたりした。私はこの厳しい状況の中でも、精神の健康さを精一杯確かめようとしていたのだろう。

が、やはり退院してからは、想像以上の社会からの孤立を感じた。また俳優としての自分が想像できず、自分を存続させることのモチベーションがなくなり、ただ呆然と過ごしていた。

　これだけの現実を突きつけられても、私はまだ以前の自分に戻りたいと思っていた。いや今でも頭の片隅をよぎる、それが悲しい。毎日張りつめた精神と肉体の不断の苦痛が続いた。孤独の寂しさなどではない、社会からある種の異なる存在として孤立するということの恐怖を感じて生きていた日々でもあった。

　もしも私が元の仕事に戻る道を選ぶとしたら、今まで誰も歩いたことのない道を行くことになる。だけど道がないわけではない。

　声は出るし歩ける。しかし、現実の生活に適応することは精神的にも肉体的にも大変であった。倒れて半年が経っても、何気なく送っていた日常生活が一番大変だった。実際に仕事のオファーはあったが、仕事に復帰するなんてことの前に、自分自身の身の回りのことができていないのだ。単にリハビリのためでなく、自分の弱さを克服するために私は思い切ってなるべく外に出るよう心掛けた。

　病院や家の周りの公園を歩くことと、街中に出かけて歩くことは当然のごとくまるで世界が違った。杖をついて街を歩く場合は、私は敢《あ》えて道の真ん中を歩いた。その方が安全なのだ。隅っこを歩いているとかえって人は周りに無神経になり、突き飛ばされるのである。

心ない言葉も浴びた。喫茶店ではよろけて倒れたり、ベルトが外れズボンがずり下がり、恥ずかしい姿を衆人に晒《さら》したりもした。ともかく何もかも日常生活をなるべく介護なしで過ごすことが大変だった。その後、ようやく自分の身の回りのことが少しはできるようになっていったが、いつも落ち着きがないことに妻は悩んでいた。主治医の先生によると回復期の後遺症の一つらしい。

この時期には何処《どこ》から漏れたのか、女性週刊誌、写真誌の記者が玄関や裏口に張りついて、出かけようとする私の写真を撮り、心外な記事を書かれたこともあった。外に出ることにもストレスがかかり、社会との関わりにおいても別な闘いがあった。

退院してからは、身体のリハビリの他に週1回、目黒区にある鍼灸医院に通っていた。そこの先生に諭されたことがある。

「シオミさん、仕事がやりたいのも、焦るのもわかりますが、頭が冷えるまでリハビリして、静かにしていなさい！　まだシオミさんの頭の中は腫《は》れていて不安定なので1年間は慎重に我慢しなさい」

医学的な根拠はないのかもしれないが、私の傷つき、出血した脳が「腫れている」、その「脳を冷やす」という言葉に本能的に合点が行って従った。

その頃から無理をせず気持ちをフラットにしようと思うようになった。そして自分のストレスになっているものを一つひとつ洗い出して、少しずつ取り除き始めた。40年在籍していた劇団をも辞めた。元々広くはなかった人間関係はぐっと狭くなった。そのかわりに大事なものの濃淡がくっきりと浮かび上がってきたのだ。

健全な時は何でもないことだが、深刻なことを抱えた時は、現実をそのままにして放《ほう》っておくよりも、時間はかかっても自分自身の手で少しずつ処理して、周りをシンプルにすることだ。億劫《おっくう》だが私には必要で大事な作業であった。

逢いたい人、相談したい人に逢った。そして、iPadで旧《ふる》い映画を観たり、音楽を聴いたり、温かい励ましをくださった人に文字を一つひとつ打ち込み、手紙を書いたりして過ごすことがなんとかできるようになってきた。

しかし、いつも抱えている張りつめた精神と不断の苦しみが、何とか支えている自分の気力のようなものを次第に萎《な》えさせていくのも事実だった。

それでも、「半身不随くらいのことでこれからの人生を諦めるなんて冗談じゃない」という思い切った言葉を自分自身に向かって、ひたすら吐き続ける気力もまだあった。

## 桜の咲く頃に

２０１５年の春にはＮＨＫの友人が花見に来てくれた。家の近くにある桜の並木の下で歩く姿をビデオで撮られながら、私はこの1年、そしてこれからの来し方行く末を、思いのたけをカメラに向かって話した。「シオミさんのリハビリする姿をビデオで記録したらどうですか」との話になり、それをきっかけに妻に日常の様子などを撮ってもらう日々が始まった。記録することによって、漠然としていたリハビリも私の中で変化が生まれて、スロープを使ったり、階段を登ってみたり、杖なしで歩いたりと、色んな形で緊張感を持ってトライするようになっていった。その妻と二人のリハビリの記録は、翌年のＮＨＫ『あさイチ』の番組で使われた。

そしてその年の暮れ、東日本大震災から5年目の復興支援のために制作されたNHKのドラマ『恋の三陸　列車コンで行こう！』に出演のオファーがあった。病に倒れた漁師がリハビリをして、また海に出て行こうとする役に私自身を重ねられ、本筋とは関係なく、港を歩くシーンが加えられた。復活への第一歩のワンシーンである。倒れて1年半、冬の東北での漁港ロケ、氷点下の夜明け前……。

私は主治医に相談した。今までリハビリのためになんでもやりなさい、と言っていた医師もさすがにこのことには賛成しかねていた。というより止《や》めるようにと言われた。

「スタジオの室内ならともかくその状況で歩くなんてとんでもない！」

血圧を考え再発だけは避けなければならない。その時期の私には当然の指示である。歩くならば室内か、暖かい日の公園ぐらいまでという段階だったのだ。まあ、死ぬかもしれないが、もし今後も俳優としてやっていく、そんなことができるなら、これから誰も歩いたことのない道を歩くのだと決めた私はこの仕事をやらねばならない。これは今の自分の使命だと考えて、心の中では「演る、歩く！」と決断していた。

これからもこういう判断をしなければならない、今後の残された人生で、この身体ゆえに、できることが少なくなっただけに後悔はすまいと思った。もう一度、今までのキャリアを全て捨て、一から出直すという気持ちであった。

## 或《あ》る日突然に日常を絶たれた人たち

2015年12月25日午前5時、気温は0度以下。

真っ暗な中、私はロケバスに乗ってホテルを出た。夜明けの大船渡《おおふなと》の港。演出家の一木正恵《いちきまさえ》さんと共に、まだ辺りが暗い中で、歩くための装具を着けてスタンバイした。命がけという言葉は使いたくないが、この歩きは、病に倒れて初めて、これからカメラの前に立つ俳優として、私を何処に位置付けるかという意味で大事な撮影だった。視線の先には遠く堤防の突端にカメラが据えられている。東日本大震災から5年、復興への祈りを込めたドラマだが、このワンシーンの中に、私の復活も込めて歩く姿を見せるのだ。私は振り返り陸の方を見た。震災前の釜石、宮古、気仙沼……。知っているとも、その活気にあふれた港の景色は覚えている。しかし今眺めている光景は高台にするための工事中だ。復興の途中で以前の姿は跡形もない。

段々と空が明け始め、その殺風景な景色が少し色づき始めると、この景色の向こう側にある、何万という人たちの悔しさ、喪失、哀しみ、絶望、そして少しの希望、再生、復興、安寧を望み、多くの人たちが立ち上がろうとする気力と、いつかこの厚い高台を乗り越えて必ず海に戻ってこようとする願いなど様々な思いを感じた。

「人生を中断された」この人たちを思うと、胸いっぱいに気力が湧いてきた。

私はこの100メートルほどの堤防の上を懸命に歩いた！　被災した陸側と反対側には、果てしなく広がる海が見える。この、誰のものでもない大自然は何も変わっていない。私は思わず、台詞《せりふ》にはないが「頑張れー、頑張れー！」と変わらないその海に向かって叫んでいた。

おこがましいが、ある日突然に日常を奪われた、被災された人たちが私に重なったのだろうと思う。倒れて2年弱、杖に頼った覚束《おぼつか》ない歩きだが、背中には皆さんの前を向く復活再生への気持ちを受けたのであろう。

私はもうこれ以上のスピードは出ないくらい、グラグラしながら歩いた。もう倒れてもいい、もしぶっ倒れても、時間がかかっても起き上がり歩く姿を映すため、一木さんは、不様でもそのままずっとカメラを回してくれるだろうという確信はあった。夜明けの空と海の広がりに、その水平線の向こうに届けと「頑張れー!」を泣きながら叫んでいた、そして祈っていた。

据えられたカメラの横を通り抜けて、堤防の突端で歩きを緩めた時、「カット!」と一木さんの声が聞こえ、私は立ち止まり、何も変わらない海の景色からまた陸側の在り様に目を移し、息が上がりながらも見た。私はそこで自分の目には見えない無数の他者を意識したのだと思う。こんな姿になっても、自分が立ち上がり本来の仕事をすることで誰かを鼓舞し力になれるかもしれない。懸命に生きて、在ることが小さな共感を与えられるとしたら、何かを届けられるかもしれないと思った。

目を腫らしてこちらに駆け寄ってくるスタッフの人たちを見ながら、この大船渡で自分が海に向かって叫んだ「頑張れー!」の声が木霊《こだま》のように私にも戻ってきて、「こちらこそ、有難う!」という気持ちで満たされた。その時私は、不意に呑《の》み込まれた自分の現実を少し受け入れられたのかもしれない。同じように苦しまれた人たちがまた立ち上がろうとするこの土地に力をもらった。年の暮れ、夜明けの大船渡の漁港、埠頭《ふとう》は氷点下の猛烈な寒さであったが、港から見る海は、波は、ずっと何事もなかったように穏やかで静かであった。

私はこの身体でもって、今日のように精一杯生きるのだ。人の役に立てる命というものがあるとしたら、その命は一人だけのものではないことを教えられ、そして回復の見込みのないこの身体をもって、不断の闘いを続けることを仕事として、現実に向き合った。


年が明けて、2016年2月、NHKの朝の情報番組『あさイチ』に出演した。司会の有働《うどう》由美子アナウンサーと井ノ原快彦《よしひこ》さんを前に、初めて世間に自分の脳出血のことを話し、この身体を晒した。朝の番組だし、視聴者の皆さんにとっては一日の始まりだから暗い感じのものにしてはいけないと思っていたが、生放送なのでどうなるかわからなかった。有働さんは以前『スタジオパークからこんにちは』で、井ノ原さんは映画でご一緒したことがあり、気持ちの面では少し落ち着いていた。

この1時間強のトークの中、私はお二人に話をしながら泣くのではないかと思っていたが、泣くことはなく「人生を中断した」自分のことをありのままに話せた。大船渡での命ギリギリの「歩き」の撮影が私の心を支えてくれたのだろうと思う。

倒れて2年、心身共に病に打ち勝とうとした日々だった。この私の生きた2年をスタジオで少し強がって話し、テレビで私は生きていることを放送してもらった。

病や災害にあわれて一瞬で日常を奪われる苦難の後、私のように直《す》ぐには立ち直れない人はきっといると思う。「明日からすぐに前を向く」なんて簡単にはできない。自分の状態を直視して、受け入れるための時間が必要なのだ。世の中はすぐに復興復活を声高に叫ぶ。しかし、ある時一瞬にして日常を失った人たちがその気持ちを立て直すには、それぞれの苦しみに向き合う時間とそれに耐える気持ちが必要だろうし、そうやって立ち直りが後れた人たちを見守る周囲の人の存在も必要だと思う。そして、私たちにはその期間こそが人生の味わいというものだったのだと思いたい。この災難に振り回されることなく……。

病の後は次のような仕事ができた。

2016年　NHKドラマ『恋の三陸　列車コンで行こう!』

2017年　朝日放送ABC創立65周年記念スペシャルドラマ『氷の轍《わだち》』
映画『アウトレイジ　最終章』を3ヶ月で撮影（2017年公開）
TBS連続ドラマ『コウノドリ』第2シリーズ
2018年　テレビ朝日特別番組『長嶋さんと中居くん』
TBS連続ドラマ『この世界の片隅に』
2019年　NHK大河ドラマ『いだてん～東京オリムピック噺《ばなし》～』
映画『駅までの道をおしえて』
2020年　映画『初恋』
NHK土曜ドラマ『天使にリクエストを～人生最後の願い～』
映画『罪の声』
2021年　NHK　Eテレの連続ドラマ『ハルカの光』

監督や映画・ドラマ関係者のお陰である。以前に比べて圧倒的に本数は少ないが、この身体で健康な時の表現にも増して、私の力が引き出されたと思う。

そして望外にも、北野武監督の『アウトレイジ　最終章』では三つの映画祭でそれぞれ主演賞、助演賞を頂き、思いと身体を壇上に運んだ。

　私は以前にも増して、本当に一つひとつに体重をかけ、幸福な時を過ごした。

　ある日の夕刻、帰りの電車の車窓から夕焼けが綺麗に見えた。それは以前入院していた病院の玄関先でいつも見ていたあの夏の夕焼けと同じものであった。あの夕陽の落ちる地平線の先は海なのではと思った。

　揺れる電車の中、危ないが、立って吊《つ》り輪とバーを頼りにドアのところまで行き、寄りかかりながら外の景色を眺めていると、あの病院での闘いの日々が次第に薄れていくようで、夕焼けに包まれたその景色が涙で少し歪んでいた。私が病院を出てから数年の時を経ていたが、なんとかこの現実の社会生活に戻ってきたのだなと思った。

# 第2章 病と共に生きるとは

## 記憶　私の走馬灯

1971年、シベリア鉄道で知り合った各国のバックパッカーたちと横浜に向かう船上にて。後列右端のハンチング帽が私

発症してからは必死になって病と闘い、戻るべき現実生活に分け入り、そして少しずつながら、みんなの力を借りて仕事として何とかカメラの前にも立てた。

無我夢中で階段を駆け上がってきたが、もう二度と回復の見込みのない身体、左半身不随の後遺症の上に、痛みが容赦なく私を襲う。恐らくこの半身麻痺は身体が動かないだけでなく、各部の筋肉の緊張が高まり痛みが出ているのだろう。私の場合は足がつった時に出るような痛みが肩から足先までずっと左半身にあるのだ。

回復期のリハビリ病院に入院している時、担当医から身体に痛みが出ているかを執拗《しつよう》に聞かれた。その時は痛みは無かったので聞き流していたが、あの忠告は退院してからのことだったのか。そういえばあの頃は医者の判断に反発していたが、生活のスタイル、左半身の手足の具合、杖と装具、全てがその通りになった。もう決して治ることのない障害者に、頭痛と共に、麻痺して感覚のないはずの左の手から足先までの半身には「絶え間のない痛み」が襲ってくる。リハビリを頑張るのと比例するように痛みは増す。感覚がないのだ、なのに何故《なぜ》痛い。絶え間のないこの肉体的な痺《しび》れと苦痛が、私の生きていく気力と精神力をじわじわと萎《な》えさせる。

壊れた脳が発する身体の痛みはこの7年、2500日あまり瞬時も消えたことはない。医者にも説明がつかないこの痛み、痛み止めの薬が効かない症状。これからも果てしなく続くであろうこの痛みを伴う身体がもたらす、得体の知れない不安と恐怖。私はあまりの辛さに何度も屈《かが》み込んだ。死ぬことも考えたが、助かったからには生きなければならない。しかしこれだけは誰にも助けてはもらえない。また言えないし相談できない。ここはいくら苦しくともこの病の後遺症を持つ者として、この社会に紛れ込んで生きて行くためには、自分自身で乗り越えなければならない。

私は苦しくとも負けるわけにはいかないのだ。

この絶え間のないジンジンと感じる痛みは生きていることの実感なのであろう。そう思ってジッとその状態で自分の身体と向き合ってみる。私はもう元に戻るのではなく、この半身不随の身体を新しい自分であると受け入れて、その身体に合わせた精神力を付けなければと考えるようになった。そんなことを考える私は「病と闘ってきた」段階から進み、何とかしてこの最小限の神経で繫ぎとめている身体をもって、思いきって「病と共に生きようとしている」のではないかと思うようになってきた。そういえば撮影に集中している時は痛みを感じていない。どうやら脳の発する痛みが緩む時があるようなのだ。

また仕事で忙しかった健常な頃に比べて圧倒的に多いこの日常の苦しい時間に対処する中で、右手の人差し指で一文字、一文字、iPadに打ち込み、こうして何かを書いている時も気がつくと痛みが少し緩んでいるのだ。気をそらし、何かに夢中になると痛みから解放される。私は「壊れた脳を騙《だま》している」のか、ヨシ！　私は色んな対処の仕方を時々に応じて考え、すり抜け、受け入れ生きようとしている。

この次から次へと症状が現れる脳疾患地獄の中で、最後に私には生きるために物事を「考える力」はしっかりと残されたようである。しかしあまりにも色んな苦しみを受け入れすぎていると、その辛さのために、考えることや人格までもが壊れてしまうのではないかという不安も出てくる。そこで、私の考える力を確かめるべく過去の自分を掘り起こしてみようと思った。

ここから書くことは、何でもない日々の記憶と雑感である。断片的であるが、現在と過去の全てが未来への活力となることを信じて書いた。そして、私の侵された脳神経がまだ正常な記憶を保っているのか、自分の人格というものが壊れていないかを確かめるために書き始めたのだ。この7年は一日一日があまりに実感が伴いすぎる時間であったために、それ以前の大切な時間の記憶がぼんやりとしたものに思えてきた。自分自身の愉《たの》しかった、また華やいだ過去が薄らいできているのを感じていた。

人は自分にとって一番大切な、大事なことの記憶を一番早く無くしていくのではないかと思う。この壊れた脳に頑張ってもらって、今のうちに過去の、在りし日のことや人たちの記憶を蘇らせていった。この痛苦から逃れるために、心に浮かんだことを素直に思い出すままに、ずっと昔まで可能な限りさかのぼって書き留めた、私の普通の、あまりに普通な記憶の断片である。

人間は最後の最後に自分の記憶の残像が、頭の中を駆けめぐると言う。ここからの全ては側《はた》から見たものでなく、人から聞いた話、検索された人物でもない、内側から見た、見えた私の一瞬の走馬灯であるのかもしれない。

## 故郷を想う

一番昔の記憶から、なるべく時系列に沿って思い出してみよう。

私の故郷は京都駅から今は急行で1時間と少しのところにある綾部市だ。山また山をぬけると、列車の右下に由良川が流れ、遠くに見える山を削りとって造られた斜面には、紫水《しすい》ヶ丘の公園に白い平和の塔が建っている景色がパッと現れる。その景色に目を奪われていると急に線路の左側ギリギリに街並みが現れる。

若い頃、この列車を逆に乗って故郷から遠くへ、遠くへと離れていった。そうして、私は俳優と呼ばれる者になった。遠いあの日々にどんな幼少年時代を演じていたのかを思うと、その舞台には本当に薄ぼんやりした記憶しかないのである。しかしそこは舞台などでなく、まぎれもない原体験なのだが、70歳を過ぎてこうして思い出そうとすると頼りなげで泡のような時期なのである。故郷を離れて、たった一人で切り拓《ひら》いてきた道があまりにシビアなものであったからかもしれない。

もう何年帰っていないのだろう。私には帰る家がないのである。父と母のお墓がこの地にあるので、駅を出て右手にある小さなビルの中の商店でお花と線香を買い、高校時代の同級生がやっている寿司屋さんで少しお寿司をつまみ、お茶をご馳走《ちそう》してもらい、そのままタクシーに乗ってお墓のあるお寺に行く。お墓のまわりを掃除してご先祖様と父母に手を合わせ、その場に少し佇《たたず》み、2、3本の煙草《タバコ》を喫《の》む。

帰りはブラッと時間をかけてバス停まで歩いてバスに乗り、駅からそのまま何処にも寄らずに京都駅まで戻り東京へ。もう今はその駅前ビルもないという。母が亡くなりもう35年は経つ。いつも2〜3時間の滞在、そんな里帰りであった。

生まれて高校までこの地で育った私の生家は、紙卸《おろし》と文具を扱っている商家だった。私は五人兄弟の末っ子である。祖父が私の名前をつけるにあたって論語、孔子《こうし》の弟子が書き残した言葉「吾《われ》日に吾《わ》が身を三省す」から付けられたと聞いた。一日に三度は反省して生きろの意である。

私の家には四〜五人の店員さんも通っていらして、商家らしく人の出入りが多くて慌ただしい家であった。家族の団欒《だんらん》などとは無縁であり、サラリーマンの家庭が羨《うらや》ましくもあったが、まあ普通に穏やかな家で育った。町は商店街を中心に郡是《ぐんぜ》(現在の

GUNZE）の本社があり、子供の頃はそこで働く人たち、女子工員さんらが毎夜帰宅時に裸電球に照らされた商店街の店先に溢《あふ》れかえり賑やかであった。

幼少期は山に入っては栗や松茸、川では鮎《あゆ》などが面白いようにとれ、街の料理屋さんや旅館に持って行ってお小遣いを貰《もら》ったりしていた。また夏休みなどは田園地帯にある叔母の家で何日も過ごした。そこでの焼き畑の匂《にお》いと立ち昇る煙などは、今も懐かしく覚えている。

昭和30年代、まだこの田舎の町には戦後の匂いが残っており、あの『岸壁の母』でも有名な軍港のある舞鶴《まいづる》が隣市にあり、引き揚げの人たちや白い衣装の傷痍《しょうい》軍人がアコーディオンを抱えて店先に立たれていたのも記憶の底に残っている。

私は中学生の頃は剣道をやっていたが、大会前にいきなり盲腸の手術になり出られなかったような間抜けな少年だった。休みの日などは店の手伝いで自転車で配達をしながら、市中を流れる川の橋上で休み、囲まれる山々の向こうに早く出て行きたいと思っていた。

高校を卒業すると同時に家を出て、そこからは京都の大学に行った。

今の時代はもう小さい頃から自分の夢というか進路を決めているようだ。私たち、いや私はそこのところが曖昧《あいまい》で何となく大学を選んでいた。私の周りでも、音楽とか演劇、美術などの大学に進んだ者は一人もいない、のんびりとした田舎の高校生であった。高校二年生の時に1964年の東京オリンピックが開催されたが、当時はテレビも全然観ていないぐらいだった。

勉強の類《たぐい》はまあ普通だった。しかし高校三年生の夏休みに1ヶ月ぐらい東京の予備校に夏期講習を受けに上京した。高田馬場の下宿屋で今の早稲田大学の理工学部がある辺りだと思う。その1ヶ月だけは朝から夜遅くまで猛烈な受験勉強をした。そして1966年に京都の大学へ進学。時代は学園闘争が吹き荒れている頃で、私は初めて自分なりにシリアスな事柄に向き合ったように思う。

生家の商売は長兄亡き後、最後は次兄が継いだが、次第に上手《うま》くいかなくなり閉じて廃業してしまった。姉二人は嫁いでいて、私の帰るところはもうない。

私が覚えている故郷とは父と母のことである。母は晩年になると、自分の幼い頃や若い時のことをしきりに話してくれた。母の話は全て私がまだ生まれてもいない遠い遠い昔の話だった。そんなことを話すような母ではなかったので私はうろたえ、戸惑ったことを覚えている。
両親が結婚した当時、父は大阪の鐘紡淀川《かねぼうよどがわ》工場に働く勤め人であったようだ。色んな事情で田舎に帰り、紙の卸業を始めた。あの鐘紡の淀川工場の社宅で、業務の終わりのサイレンが鳴り、そのサイレンを合図に真っ白なユニホーム姿の勤めを終えた人たちが工場から吐き出されてあたりが埋まる、そんな光景が好きで、父の帰りを待っていたこと、仲良くしていた社宅の人たち、それら束の間《つかま》であったが、大阪で過ごした都会生活のことを懐かしみ、人生で一番幸せな時だったなどということを話してくれた。子供の頃母はお嬢さん育ちだったらしいので商いは向いていなかったのだな、とそれを聞きながら思ったものだ。自分は母っ子であった。

ところが私は66歳で病に倒れて、病院のベッドに横たわっている時、「親父助けてくれ！」との感情が湧いてきたのだ。何故だろう、父のことはあまり思い出したこともなかった。叱られ殴られたこと、幼い頃に肩車されて街の映画館や京都の動物園に連れて行ってもらったこと。外面《そとづら》が良くて家の中では頑固でいつも怒鳴っていた父。もう命も長くないと思われた病床で小さな声で、「サンセイ、ワシ、死にたいけど、なかなか死ねんものや……」と私に呟《つぶや》いた彼。お相撲とりのように肥《ふと》っていた身体がもうガリガリだった彼。あの親父の言葉と共に50年くらい前の記憶が、自分が病気になって初めて「ワシは死ねん……」と生への執念をみせた親父と繋がったのであろうか、本当に私は情けない男である。

退院して自宅の仏壇にある父母が一緒に写っている写真をみると、親父の顔がいつもよりぎこちなく笑っているように思えた。

「有難う親父、助けてくれて……」

線香の匂いをいっぱい嗅《か》いで手を合わせた。

何年かぶりに母の詠《よ》んだ短歌ノートをめくった。母が入院していた病室に残されていたそのノートには乱れた字で、

「長き旅路の人生も勤めを終へて今日よりは神のみもとに帰る喜び」

と最後の一首があり、その短歌が良いのかどうかはわからないが、父と共に善《よ》く生きた人生が温かいものだったのだなと思った。

故郷のことなどを思い出し、私も子供の頃のことを何か書いてみようと思ったが、

やはり思い浮かぶのはずっと前に亡くなった両親のことしかないのであった。

私は老いたのであろう……。

## 鳴滝《なるたき》日記　二十歳の頃

18歳で大学に入学。京都に下宿して一人暮らしが始まった。

その時代は学生運動がキャンパスに吹き荒れていた。アジ看板と演説とシュプレヒコール。1966年入学組は、同志社大学の場合、学内はほとんどロックアウトされている状態だった。私は当時、学生が多く住んでいた京都の左京区を離れて、三回生からは嵯峨野に近い右京区の宇多野《うたの》、鳴滝のアパートに住んだ。京福電鉄の嵐山線の鳴滝駅から5分ぐらいの、静かでひっそりとした嵯峨野の入口で、ほとんど大学からは気持ちも足も離れていた。そうして、大学から離れ、喧騒《けんそう》からも離れていった。

テレビは見ないし持たなかった。ラジオでFEN（現在のAFN）放送や『JET STREAM』などを聴いていた。

昼頃に双《なら》ヶ丘《び》に向かって歩くと、緩やかな崖に沿って「喫茶 丘《おか》」があった。老いたオヤジと娘さんの二人でやっていて、ほとんどいつも客はいなかった。私はコーヒーを持って2階のラウンジのようなところで本を読んだり、流れてくるクラッシック音楽を聴き、窓の向こうにみえる病院や山陰線の列車などを眺めて過ごしていた。

夜になると、この辺りに住んでいた京都府立医大や、立命館大学の学生たちと麻雀《マージャン》に明け暮れていた。学生時代はキャンパス生活や繁華街よりも、静かな2年間のこの生活を思い出す。桜の季節は、線路の両側の桜並木が満開になり桜のトンネルのようになっていた中、線路の上を歩いて隣駅の常盤《ときわ》にあったお好み焼き屋までよく行った。

10年ぐらい前、京都の松竹《しょうちく》撮影所に時代劇『鬼平犯科帳 高萩《たかはぎ》の捨五郎《すてごろう》』(中村吉右衛門さんの鬼平、私は捨五郎)の撮影で1ヶ月ぐらい来ている時、不意に懐かしくなり市バスに乗って鳴滝に行ってみた。40年ぶりだ。バスを降りると、宇多野の交差点の角に薬局、坂の途中の右側に牛乳屋さんもあり、下りきった所に驚いたことにそのまま青い屋根の白いアパート・Uハイツが見えた。右手に小川もある。

思い切ってアパートの玄関のドアを開けた。履き潰《つぶ》したスニーカーが数足。二十歳頃の私が見えた。その頃京都は関西フォークの拠点で、まだデビュー前のザ・フォーク・クルセダーズが十人ぐらいの編成で京都会館などで『ひょっこりひょうたん島』などを歌っていた。カレッジフォークと呼ばれるもので、アパートの前の小川をはさんだ向こうの空き地で、男二人と女一人のPPM（ピーター・ポール・アンド・マリー）スタイルをマネて三人組が『500マイル』や『パフ』なんて歌っていたことなどを思い出した。そうとうにあの頃は牧歌的な地域であった。

裏の坂を登り「喫茶 丘」を訪ねたが、あの静かな2階建ての建物はなぜか崩れ壊れていて、「丘」の看板はガレキの中に埋もれていた。あの阪神・淡路大震災で崩れたままなのだろうか。あの頃に眺めていた景色はたくさんの建て売り住宅が間近まで建ち迫っていて、京都といえども嵯峨野の入口は変わってしまっていて、寂しい気持ちと、なるほどなの気持ちが良い塩梅《あんばい》で押しよせてきた。

その頃は学生運動と同時にビートニックなどといわれる若者が多くなって、東京から京都に来て棲《す》みつく若者もいて、私が住んでいたUハイツにも一人の男A君が来た。京都が少し変わってきたのは彼らの影響が大きいと思う。私も彼の影響を受けてビートルズやローリング・ストーンズなど今まで聞いていた音楽と同時に、ジョン・コルトレーンやジャンゴ・ラインハルト、マヘリア・ジャクソンなどのジャズを聴き始めた。いわゆるカウンターカルチャーといわれた植草甚一《うえくさじんいち》さんの流れの人たちだった。

神戸の北野異人館風見鶏の館は今は観光名所となっているみたいだが、当時は友人たちが住んでいて、関西でマガジン『ブックレビュー』を出しておられたEさんもおり、そこにみんなでよく集まっていて、浅川マキさんなどがたまに顔を出されていて『プカプカ』などの唄を愉しんだりしていた。

京都が伝統の街から変化し、少しずつサブカルチャーっぽいものが入ってきた最初のきっかけは、彼ら東京から流れて来た植甚さんのサブカル一派だったのだろう。1969年前後の激しいが何か新しい文化が生まれようとした時代のことだ。

当時『コント55号の裏番組をぶっとばせ！』などのテレビ番組で名を知られていた日本テレビの細野邦彦プロデューサーが、A君の友人のお母さんの京都での教え子だったという縁で、就職期をむかえていた私は、東京の四ツ谷・麴町《こうじまち》にあった日本テレビに細野氏を訪ねた。

今でいう就活か。細身で色眼鏡の細野氏は、突然の訪問に「何だよこいつ」と思われただろうが、忙しい中テレビ局内を連れてまわってくださった。日テレ塔など思い出す、懐かしい。

そして私の履歴書を見ると言われた。

「留年してでも1年キチッとゼミもやること。そうしたら大阪の読売テレビを推薦くらいはしてあげる……」

ようするにまず大学の履歴を普通にキレイにしろよ、ということだ。有難かった。

しかし大学はそのまま留年せずに卒業した。1970年、あの時の学生はみんな卒業したと思う。たぶん大学も留年させなかったのだろう。大阪で万博《ばんぱく》が開かれた年で、同志社の語学のできる女学生たちは万博のコンパニオンという形で働きに出たのを覚えている。後年、俳優なんてものになり日テレの麴町社屋には頻繁に通った。

友人のA君は京都でCという喫茶店の立ち上げに関係した後、東京に帰った。彼の実家は杉並区の西荻窪にあり、彼の地元である吉祥寺で、私は海外の放浪旅から帰って三鷹に住んだ頃に彼と再び会った。ハモニカ横丁のブティック「タイガーママ」のウンちゃんこと津野《つの》いづみさんと知り合い、そのお兄さんである津野海太郎《かいたろう》さんの勤める晶文社は「演劇センター68／69（のちの劇団黒テント）」を通して知っていた。その芝居は京都公演が同志社会館であったのを大学時代に観たことがあり、それが何か演劇というものが私の頭に入ってきた初めかもしれない。

「状況劇場」も赤テントを張っていた上野不忍池《しのばずのいけ》によく見に行った。面白かった。けれども、その二つのテントの世界に私は行かなかった。

あるアトリエで一人の男と出会った。「大杉漣《おおすぎれん》」、彼と一緒に芝居なるものを始めた。そこからは心地良かった西荻、吉祥寺の地とそこの人たちとは意識的に離れた。吉祥寺は「ファンキー」、カラスの剝製《はくせい》が飾ってあった姉妹店「アウトバック」に通った。まだ駅前に東急百貨店のできる前のことで、オーナーは野口さん。先年、野口さんは亡くなられたと聞いた。格好良い人だった。

俳優というものになり、あるドラマの時、スタイリストのHさんに、「私が高校生の頃、背伸びして友達と行った、西荻とか吉祥寺のジャズ喫茶やコアな雰囲気の店などで、シオミさんたちの一派がたむろしていて、ちょっと近寄れなかった」なんてことを言われた。シオミさんはスーッと消えてしまって、まさかこんな形で逢えるとは と俳優になった私に驚いていた。

## 演劇の時代

その頃は少し演劇に近寄っていた。新宿のＡＴＧの劇場で観た清水邦夫作、蜷川《にながわ》幸雄演出の『泣かないのか？ 泣かないのか一九七三年のために？』で、最後に群衆が客席の奥から現れ、御詠歌を歌いながら舞台の上で崩れて行くのを観て、「あーなんか、ある時代が私の中で終わったな」と、ユラユラと旅をしながらの二十歳の頃からの自分の生活の終わりを感じたのだろう。吉祥寺からも離れ、黒テントや状況劇場の芝居にも入らず、オーソドックスなものに舵《かじ》を切ったキッカケの舞台だった。演劇というか、映画というか、そのようなものをテコにして社会というものとコンタクトできればと甘く思っていたのだろう。私にとっては、演劇のとば口は、私自身と社会をつなぐセラピーだったのだ。いつか蜷川さんの芝居に舞台に出たら、このことは話そうと思っていたが、蜷川さんには一度も逢えなかった。

その芝居は劇団「櫻社《さくらしゃ》」で、石橋蓮司さんと蟹江敬三さんのお二人が出ていた。後にお二人には別々に映画の撮影現場で会い、それぞれに私の演劇への大きなきっかけになった舞台『泣かないのか？ 泣かないのか〜』の話をした。蟹江さんはニコニコ笑って聞いてくださり、蓮司さんには「お前！ いい加減なこと言うな」とテレながら一蹴《いっしゅう》された。

『泣かないのか？ 泣かないのか一九七三年のために？』という題名は、私の中でビートニックな詩人として大好きだったアレン・ギンズバーグの「泣かないのか？ 泣かないのか？ 1960年のために」という言葉で知っていた。私は俳優さんとしては草野《くさの》大悟《だいご》さんなどが好きだった。アレン・ギンズバーグの詩などに心が揺さぶられ、色んな詩を小さく声に出して呟いたりしていた若い日々だった。演劇、芝居というものを通して世間というか社会に交わろうとしたのだ。

俳優になりたくてというわけでもなく、故に私は自分に逆ネジをかけるつもりで、この道を、演劇の道を生きてみようと思ったのだ。そんな選択をするには年齢的にもギリギリで25歳になっていた。オーソドックスな新劇というものに初めて舵を切ったのだ。

俳優なんて……。いわば私は普通の人が走るレールを外れて、自分の好きなことをやることで、誰にも言い訳のできない「一生を遊んで送る、遊芸に生きる」ことを選んだのだった。もしも才能というか、ダメだったら……。なんてことは考えてもいなかった。そんな若い時の自分だったし、またそんな時代でもあったようにも思う。「状況劇場」の麿赤兒《まろあかじ》、根津甚八、小林薫、不破万作《ふわまんさく》。「黒テント」の村松克己《かつみ》、清水紘治《こうじ》諸氏。「現代人劇場」の石橋蓮司さん、蟹江敬三さん、また原田芳雄、吉田日出子《ひでこ》、緑魔子《みどりまこ》諸氏。この方々とはみんな映画で出逢えた。ジャンルを問わず、好きを徹底すると逢いたい人たちに会える。

その頃、私のいた劇団の代表は芥川比呂志《あくたがわひろし》氏、言うまでもなく作家・芥川龍之介を父に持つ新劇界の伝説の人であった。

1978年だっただろうか、芝公園にあったABC会館ホールで芥川さん演出の泉《いずみ》鏡花《きょうか》の『夜叉《やしゃ》ヶ池《いけ》』を観に行った。舞台は見事なものであったが、私が驚いたのは終演後、幕が下りると同時に拍手が鳴り止《や》まず、観客は客席の中ほどにいる芥川さんに向かって一層の拍手を贈る。そこに明かりが当たり、車椅子からゆらりと立ち上がる芥川さんを初めて見た。文字どおり生命を削った演出の仕事だったのだろう、客席に一礼しながらも傲然《ごうぜん》と構えられていた。

長く肺を患っていらしたため緑色の酸素ボンベを携帯され、苦しそうに吐かれる息も聞こえてくるような芥川さんであった。いつまでも鳴り止まぬ拍手の中で私はどんなアングラ劇よりも荒ぶるというか、誤解を生む言い方かもしれないが、凄く良質な見せ物を観たと思った。

それから私は劇団の芝居で初めて先輩たちに混じって紀伊國屋《きのくにや》ホールの舞台に立った。その千秋楽だったと思うが、開演前から、今日は芥川さんが観に来られるとのことで先輩たちにも緊張感があった。

終演後、ホールのロビーの真ん中に芥川さんがポツンと一人座っていらして、俳優陣も関係者もみんな彼をぐるりと遠巻きにしてシーンとしている。私はその遠巻きの人々のもう一つ外側にいた。何とも言えない緊張感であった。

そこへ岸田今日子さんが私の隣に来て小声で囁《ささや》いてこられた。

「シオミ君、あなた劇団員になって芥川さんにまだ挨拶《あいさつ》していないでしょう？　今日のあなたの芝居の感想も聞きに行きなさいよ……」

「冗談でしょう、この場では」と思っていたが、間違ったことではない。私にしても、演った芝居が少し客席に受けていて自信があったのかもしれない。意を決して中央に向かった。場は一層静かになった。私は芥川さんに挨拶した。

「2年前に劇団員になったシオミサンセイです。今日の舞台で××の役で出ていました。どうだったでしょうか……」

どうにかそう言えたがなんの返事もない。というか芥川さんは身体も動かさずじっとそのままの状態。その場は凍りついたように静かだった。

私はジッと芥川さんを見ていた。すると芥川さんはしばらくして顔をこちらに向けてあの鋭い目で私を睨《にら》みつけて言われた。

「……どうこう言う段階ではない！」

場は少し緩んで、少し笑いもあった。「失礼します」私はまた元の位置へ、いやもっと後ろに戻って行った。どうこう言う段階ではない。ですよね、当たり前だ。

「そう、芥川さんは満座の中であなたに恥をかかせるということで、俳優として、劇団の仲間として認めてくださったのよ、良かったわね……」

と今日子さんは少し微笑んでそっと言ってくれた。今はもういない、そんな捻《ひね》りのきいた大人の先輩たちだった。私があの芥川さんに会ったのは観客としてと、この時の2回だけである。そこには劇をやることへの何か大切なものがあるような気がする。「どうこう言う段階ではない」。ずっと頭から離れない言葉であった。

何故、ここで芥川さんが自分の記憶に浮かんできたのか。それは私が身体に不具合を抱えて闘いながら、まだこの世界で生きようとしているからである。芥川さんも宿痾《しゅくあ》ともいえる肺の病と若い時からずっと闘いながら演劇に生涯をかけ、生きてこられた。その芥川さんには足元にも及ばないけれども思い出すことによって、少しでもその執念みたいなものを私の指標にできるかもしれないからだ。

そして、そこには今とは違う、ある舞台というもの、上手く言葉にはできないが、先輩たちのただ演じるだけではない佇まい、その知識と演劇に賭ける情熱、確かにそこには演劇独特の文化があったのである。

この芥川さんに「どうこう言う段階ではない」と言われた芝居は、ウィリアム・シェイクスピアの『から騒ぎ』で、演出はイギリスの演出家テレンス・ナップ氏だった。最後の稽古の時、彼は俳優たちが初日を前にした緊張感で自分のことばかりに気が向いていると思われたのだろう、彼と共に出演者全員が輪になって座り、手をつなぎ静かにみんなで『荒城《こうじょう》の月』を歌った。私にとっては初めての大きな舞台であった。先輩たちと息を合わせて歌いながら、演劇・芝居は自分のパフォーマンスだけでなく、みんなと気持ちを合わせて演るものなんだと教えられた。あの甘酸っぱい記憶は忘れられないし、その後もずっと誰かと一緒になってモノを作る時の基本に置いている。

この後、2年弱で芥川さんは逝かれた。青山斎場でのお葬式では、劇団の中でも若手の私は駐車場係を任されていた。斎場の外で一生懸命に駐車の差配をしていて、中の儀式でのお別れはできなかった。おそらく芥川さんは私のことを覚えていなかったと思う。だけど、こうして私の思い出として記憶に蘇るのは、演劇というものが、一緒に何かをやるということが今とは全然違う形で在った演劇の時代が懐かしく、大切なものとして私の心に色濃く残っているのであろう。それは私が病と共に生きているから、若い時から目指していた俳優としての演劇があそこで止まっているからではないかとも思っている。

この時期の私は新宿駅のプラットホーム下にある物資の集積場での力仕事や、京橋の麻雀屋でのアルバイトなどをしながらも、自分が無我夢中で懸命に駆けている、息を切らしながら演劇にそして時代を駆けているという実感があった。貧しくはあったが少しも辛くはない、愉しかった。もしかしたらあの頃が私の「俳優としての黄金の日々」だったのではないかとさえ思えるのである。

1985年に母が亡くなった。私は山崎努さんの主演舞台『ピサロ』の稽古中で、3日間の休みをもらって帰省し、母の葬儀を終えてすぐに戻り、また渋谷のパルコ劇場での本番に入った。

母の死は私の中で大きなものがあった。それを機にマスメディアというかテレビドラマに出るようになったのである。どうしてだかわからない、親がいなくなって無意識にあった家とか、家族の縛りがなくなり、私の中にある緊張感が消えたのかもしれない。しかし、それからは少しずつ俳優として食べて行けるようになってきたのだ。

周りの親戚の人たちは、テレビなどに出だした私に「お母さんに見せてあげたかったね」とよく言ったが、私は一番頑張って演劇に向かい合い生きていて、純粋だったそういう自分を母に見せることができたのだから、母はわかってくれていると思っていた。

大学を出て、国内外を旅して、また演劇なるものにうつつを抜かしている私に、世間的には母は肩身の狭い思いをしていたかもしれない。まだそんな時代でもあった。演劇を通して世間に社会に関わる手立てとして「俳優」なる者になり無我夢中で生きていたが、この生業《なりわい》は少しは世間に認められなければ生活はできない。しかしこの業界で食べて、生きて行くためには余計な手垢《てあか》も付いてくる。母の死は私の中の何かを弾《はじ》けさせたものだったのかもしれない。

そして、私は長い演劇の道を歩き始めた。

## シベリア鉄道紀行

1971年11月。私はロンドンの旅行会社トーマス&クックのロビーにいた。大学を卒業した後バックパッカーで旅してきたが、ロンドンでの生活に心身共にへたっていて、日本へ帰国しようと思ってやってきたのだった。

ヨーロッパからの帰路はシベリア鉄道で大陸を横断することにした。ロンドンから列車でイギリスの港町ハリッジへ行き、そこから船でオランダのロッテルダム近くの港町へ渡る。そこで再び列車に乗り、ドイツのハノーバー、ベルリン、ポーランドのワルシャワ、ベラルーシのミンスクを経てソ連のモスクワへ。

モスクワ駅からはシベリア鉄道でイルクーツク、ハバロフスクなどを経由し、ナホトカまで大陸を横断。そしてナホトカ港から横浜港まで航路というルートだ。購入したチケットはだいたい10万円ちょっとの値段だったと思う。まだ1ドルが360円の時代だった。チケットと2週間分の列車内での朝昼晩三食の食券つきだった。

ロンドンのリバプール・ストリート駅を11月8日9時40分に出発。ここからシベリア鉄道の始発駅モスクワまで2日かかる。ところが、私は旅の全ての食事がもらった食券でまかなえると勘違いしていた。だからロンドンを発つ時にわずかな現金しか持っていなかった。そこでバナナを2、3本とリンゴを買い、リンゴは芯《しん》まで食べてモスクワまでなんとかしのいだ。なんてドジな旅の始まりなんだ。

ベルリンはまだ東西ドイツに分かれていた。ここからは東欧のワルシャワを経てモスクワへ。

11月10日モスクワ駅着。ここでは2日間待機した。JAL日本航空モスクワ支店に寄り、モスクワで泊まるホテルと駅のことなどを確認して聞いた。当時、ヨーロッパで放浪していたバックパッカーたちはみんなＪＡＬに相談したり頼ったりしていたんじゃないかと思う。あの当時、ＪＡＬの客でもないのに話を聞いてくれたり情報もくれたり、頼りになる航空会社だった。

モスクワ駅では、シベリアに行く列車のプラットホームでの家族の別れがあちらこちらで見られて、この大移動の別れは凄いスケールの別れの光景として覚えている。

列車は11月12日にモスクワ駅を出発した。座席は４人がけで、食事は三食食堂車。全ての食器はアルミで、いつもパンとボルシチのスープが付いていた。毎回食事の時に束になったチケットから１枚ずつ渡す。私はこれで飯の心配をしなくて良いのであった。外の景色は一日中変化がなくて時間感覚はおかしくなっていた。

中国との国境が近いと、列車からは中国兵が目に入ってくるようになってきた。シベリア鉄道の旅は、日本から欧州に向けてだと列車の客も日本人が多いらしいが、反対にヨーロッパからだと、しかも11月では私の知る限り日本人は一人もいなかった。よく見回りに来る車掌はロシアの煙草より美味いのか、私の煙草ケントを勝手に吸いに来た。

ロンドンのユースホステルに日本のバックパッカーが置いていった文庫本をもらって持ち歩いていた山本周五郎の『さぶ』は、旅行中に読みすぎてボロボロになっていた。ロンドン市中のユースホステルにはヨーロッパを旅している若者たちが読み終えた本を置いて行き、訪れた者は勝手に持っていく。私は無用になった日本版のロンドン市中案内マップを置いてきたことを覚えている。長い旅をする若者はギリギリまでお金を節約するので、当時は外国でも国内でもそういう場所があったものだった。

あれはモスクワを出発して何日経っていたのか、ともかく殺風景なツンドラ地帯の景色が続き、列車は数百にも感じる無人駅に頻繁に停《と》まる。私はある寂しい駅で気分転換のつもりでホームに降りて煙草を吸い、深呼吸して外の空気を満喫し、一息つきボーッとしていた。すると後ろでゴトッと音がして振り返ると、な、なんと列車が動きだしている。私は驚き、走り出した列車のドアの手すりにつかまりステップに乗った。そしてドアを開けようとした。が、開かない！　後で知ったのだが、このシベリア鉄道の列車のコーチ（車両）は側面の前後にある二つのドアのうち、一方のドアは開けっ放しだが、もう片方は施錠されて固く閉じられているのであった。

私は焦った、列車のスピードが上がってきている。このまま次の駅まで……絶対無理。振り落とされるか、凍え死ぬ。あとは一度線路に飛び降りて、走って次のコーチの開いているはずのドアから列車に乗るしかない。一瞬の間で、私は手すりをつかんだ手をパッと放し、列車の速度に合わせて走り、もう片方のドアの手すりを右手でつかみステップに飛び乗った。

どのぐらいの時間だっただろうか。私は無事乗り込んだコーチのデッキに長い間座りこみ、その時起きたことが何だったのか考えていた。もし判断が遅れていたら、右手が手すりをつかみ損ねたら、列車内に私を知る人は誰もいないので、シベリアの大地で列車からはね飛ばされて凍え死んでいたろう。この失態は恐怖を私に与え、そして20~30代の若い自分に良い意味でも悪い意味でもギリギリの判断力と慎重さみたいなものを身につけさせてしまったように思う。

列車の洗面所の鏡に映った私の恐怖に歪んだ顔をジッと見つめていた。今でもその時の自分の顔を忘れていない。

病に倒れた時、病院の救急集中治療室での3日間は恐らくそんな顔をしていただろう。

列車の乗客はもちろんロシアの人が大半なのだが、翌年1972年2月に開催される札幌冬季オリンピックのために、日本へ行こうとするヨーロッパの若者もいた。私はフランス人のポールとニコルという恋人同士の二人と知り合い、彼らと一緒に隣のコーチに遊びに行くようになった。そこでアメリカの若者、スウェーデンの双子の姉妹、ヒゲのドイツ人たちと仲良くなり、昼間は集まってカードをしたり歌を歌って過ごした。

日本に帰国後も、彼らが札幌に行くまで東京で旧アジア会館などを紹介したりして一緒に過ごした。特にポールとニコルの二人とはその後も数年間やり取りがあり、フランスに帰国後、ポールからはパリで消防士になった旨の手紙を貰った。私は安いものだけど浴衣などを送ってあげた。20年ぐらい経ち、パリに行った時、連絡しようと思ったがもう所在はわからなかった。

ソ連のナホトカ港から横浜港までの船で私はコーラを飲み、手持ちの残高が数百円になってしまった。船が横浜港に近づいている時、デッキから見た横浜は、その頃の京浜《けいひん》工業地帯で薄暗いスモッグに覆われ、私のその時の気持ちと同化していたのか、冬の陽が落ちる時間に重なり暗く寂しい感じがしたのをうっすらと覚えている。

1971年11月22日16時、横浜港。横浜に到着後、東京の三鷹に住む友人E君に電話して迎えに来てもらった。そして私は三鷹に住みつき東京での暮らしが始まった。私は23歳になっていた。何かを落ち着いてやらねばと思い、またなんでもできるとも思っていた……。

シベリア鉄道の失態については、後年、武田百合子さんが書かれたロシア紀行『犬が星見た』で、途中に停まる無数の無人駅では絶対に列車の外に出てはいけないとの記述があり、そうだったのか、と苦笑してしまった。

今、私は70歳を超えた。あれから50年近くが経つあの日々は夢、幻かとも思うが、手元にあるトーマス&クック社の旅行タイムテーブルと、シベリア鉄道で知り合った日本に向かう友人たちと船上で撮った一葉の写真が生々しく旅を思い出させてくれる。先年トーマス&クック社が倒産したというニュースがあった。若い、苦い旅であった。

今、私は少し不具合な身体になっているが、右手は正常に働いてくれている。50年前に走る列車のドアの手すりを握りつかんだあの右手。手のひらをジッと見ていると、今までさまざまなことをくぐり抜けてきたこの手は繊細で頼りがいがある。大丈夫、これからもまかしとき……。そう若い自分が言っているようで力強く思い、右手をグッと握りしめた。

シベリア鉄道の話は今までずっと自分の胸にとどめていた。こうして書いていると50年前のあの旅が切れ切れに思い出されてくる。

# 第3章
# あの人たちを想う

## いつまでも忘れない
## ということ

つかこうへい作・演出の舞台の台本

私は杖をついて川べりにあるいつもの公園のベンチに座り、川の向こうに広がる、薄い水色の半分くらいが黄金色に染まった晩秋の空をいつまでも眺めている。美しい景色でもあるが、なにやらその美しさと違うものも含んでいるように思われる。

そうしていると、何を思ってか泣き虫の私は泣きたくなるのである。気がつくと、ベンチの周りはもう薄暗い。立ち上がり家に向かう、数歩進んで振り向くと、川向こうの景色はいつまでも動かない絵のように凄い夕焼けになっている。あぁ、あそこら辺が天国というものなのか……。

私はこの川を越え、あの人たちに逢いたい気持ちになるが、私の中にいるあの人たちはいつでも私の側に居るのだと思い、踵《きびす》を返し、辺りが真っ暗になる前に家へと急ぐ。そうだ、あの人たちは年を取ることがない分、私が想い出す度に、決して忘れまいとする私に優しく寄り添って包みこんでくれるのである。その在り様は決して死者としてではなく、こうして書いていると、私は肉体的、精神的な苦しみを忘れて、あの人たちと過ごしていた時間と共に、あの人たちが今も私の側にいてくれて居ることに驚く。

思い出し、書くということが大きな力となり、懸命に生きたあの日々が今こんなにも魅惑的で力強いものであり、素晴らしい思い出として蘇るのなら、決して寂しくはない。やはり私は、実感を持ち、懸命に今を生きようと思うのである。

亡くなった人たちの縁は切れない。温かく生の影として私と共に生きている。

## 岸田今日子　みんな夢の中

２００６年12月、私は日本テレビの連続ドラマ『瑠璃《るり》の島』のスペシャル版で沖縄の石垣島からフェリーで30分のところにある、鳩間《はとま》島にロケーションで来ていた。そこに、岸田今日子さんの娘のまゆさんから携帯に電話が入った。彼女は泣いていた。

「母が……、今日子ちゃんが亡くなりました……。明日お通夜をして明後日には葬儀を身内でやります。来て……」

私はわかったと電話を切った。とうとうこの時が来たと思ったが、明日はキャスト全員を俯瞰《ふかん》で撮影するワンシーンが残っていた。親が死んでも役者は……なんて言葉があるが、私は意を決してその場にいらした次屋プロデューサーに相談した。当然、悩まれたと思う。

「シオミさん、しかし……」

「わかってます、充分に。いやスミマセン……、聞かなかったことに……。もう亡くなっていますし……」

普通は所属劇団の事務所を通して相談するべきなのだろうが、この時は自分とその動いた気持ちにしたがって彼女の死にダイレクトに向き合おうとしたのだろう。彼女の死に直面して、誰かを通した余計な説明をする気持ちが入るのが嫌だった。

その後、私の切迫した雰囲気に、監督さんたちを含めて皆さんで相談してくださったのだろう。岸壁に集まったみんなをヘリコプターから空撮する最後のシーンは、代役を立てて撮影してくださるとのことであった。

急なことだったが翌日、次屋さんがフェリーと石垣島から羽田への飛行機を手配して、石垣島の空港まで付いてきてくださった。ずっと無言だった。私はその時間で少し落ち着くことが出来たのだと思う。彼の配慮は忘れない。私はその夜の10時過ぎに青山に着いた。通夜のこの日、今日子さんの棺《ひつぎ》の前には娘のまゆさんとそのご主人のSさんの二人だけが私の到着を待っていてくれた。目を閉じた今日子さんと対面した。

「ありがとうございました」。私は充分にお別れができた。

翌日のお葬式は青山の小ホールで文字通りの親密な人たちだけでお送りした。身内の方を含めて十数人で今日子さんの棺を囲み、思い思いの別れをして静かで深い追悼の場であった。岸田衿子《えりこ》さん、吉行和子さん、冨士眞奈美さん、筑紫哲也さん、三谷昇さん、山崎努さんが参列されていたのを覚えている。今日子さんの葬儀らしかった。葬儀が終わるこの日までマスコミや仕事関係者などにはその死は伏せられていた。先輩の三谷昇さんと地下鉄の駅まで帰りをご一緒した。

年が明けて劇団主催でお別れ会を東京会館でやった時は、もの凄い数の人たちが集まり、会場は華やかなものになった。文筆家でもあり、広い交友の今日子さんならではの、ある意味で賑やかな集いだったが、私はその場ではただただ呆然としていたと思う。誰とも話した記憶がない。

会場の出入り口に立っていたら「シオミ君」と声がかかり、振り向いたら吉田日出子さんがいらっしゃった。中へと勧めたが「私は此処《ここ》で」と深くお辞儀されてすぐにエレベーターに向かわれた。まあ日出子さんは今日子さんが好きだったろうな、お互いにと思った。そして、会場内のざわめきを聞きながら、わざわざここまで来たのに、大勢の人たちの中に入っていけない、デコさんの別れのその姿が印象深く私の中に残った。劇作家の井上ひさし氏も記帳だけされて、入口で一礼されてそのままお帰りになった。色々なお別れの仕方があるのだなと思わされた。

その年の暮れ、今日子さんの企画で始まった子供のための芝居がシアターX《カイ》であり、公演中に偲《しの》ぶ会があった。私は舞台の上で座っていた。五人ぐらいで一人ずつスピーチをしていたのだが、みんなその『こどもステージ』にかかわる人たちで、そこで座って聞いていると、30年ぐらい前、私が出演した第一回目の谷川俊太郎《たにかわしゅんたろう》さんの『おばけリンゴ』のスタッフキャストのみんなが客席にもいて、そこには娘のまゆさんの姿もあった。今日子さんが舞台の奥から「みんな、何してんのさ!? 私抜きで……」とあの独特の口調で出てくるのでは、なんて思っていたら、もう涙が吹き出してきて、隣に座っていらした別役実《べつやくみのる》さんが笑いながら気を遣ってくださった。

亡くなられて1年、この世の中にもう今日子さんは居ないのだという現実が信じられず、自分の周りの世界に、その空気感にいつまでも馴染《なじ》めなかった。両親を亡くした時もあんな気持ちで過ごしたことはなかった。今は、ただただ彼女に褒めてもらうことが嬉《うれ》しかったことを思い出す。

70年代半ば過ぎ、私がこの新劇の劇団員になった時、そこに在籍されていて何らかの形で私とすれ違い交流があったのは、芥川比呂志、中村伸郎、南美江、岸田今日子、文野朋子、仲谷昇、神山繁、高橋昌也、高木均、三谷昇。紛れもない最後の新劇俳優たちである。一人ひとりのエピソードを書くことができるくらい、個性的で魅力ある先輩たちであった。

若い私は諸先輩には常に敬意を持っていたし、またお互いに良い意味での緊張感があった。芝居ということでなくその人たちの側に居るだけで幸福で心地良いものがあり、皆さんそれぞれに柔らかな知性と冒険的な激しい気質の持ち主であった。

中でも岸田今日子さんとは、私の舞台のキャリアの殆《ほと》んどをご一緒した。ともかく愉しく、演技なんてものは横に置いておき、いつも物事の深いところに連れて行ってくれ、ユーモアを忘れずに、演劇の周辺、つまり文学、美術、映画などについて話した。そして今ではもう死語に近いが、いわゆる芸術といわれるものへのアプローチ。みんながよく言う今日子さんのスノッブな面は私にはあまり見せられなかった。

岸田今日子さんは、詩人の衿子さんを姉にもち、本物の芸術一家で育っている。田舎者の私には独特の存在だった。芝居を教えて貰ったことは一度もない。不思議な人だった。

カンヌ国際映画祭で賞をとった勅使河原《てしがわら》宏監督の映画『砂の女』での演技のことを褒める人たちには拒否反応を示された。それは昔のことだから今を見て欲しいと。彼女はいつも新しい物に関心を向けられ、形にはまる画一的なものには興味を示されなかった。安部公房《こうぼう》・真知夫妻、武満徹《たけみつとおる》さん、別役実さんらに引き合わせてくれたのも今日子さんだった。

舞台とは別に、7年あまり続いた京都松竹撮影所で撮ったフジテレビの連続時代劇ドラマ『御家人斬九郎』の撮影の日々も懐かしい。渡辺謙を主演に、若村麻由美、岸田今日子、益岡徹、私というレギュラー陣だった。まあ少しコメディ要素があるがハードボイルド基調のフィルムで撮っていて、勝新太郎や市川雷蔵などの映画を撮っていた旧大映の監督、スタッフで制作された本格的な時代劇だった。

基本私は抑え気味の芝居を心がけていたが、今日子さんにはそれが物足りないのか、冗談まじりで言う。

「シオミさぁ、あなた、私の仲間なんだし、もっとガツンと監督、スタッフに見せつけてやるような芝居しなさいよ！」

要するにもっと大きい芝居をしなさいということだ。「そんな……」と思いながらも、彼女の前では「へい！　ガッテンですぜい」なんてあえて大きくコメディタッチをつけて演ると、今日子さんは手を叩いて喜んでいる。カットがかかり、今日子さんに聞いてみる。

「どうですか？　監督たち喜んでギャフンとしてましたか？」

「そうそう、それがね、みんな首傾《かし》げて不安そうにしてたわよ」

「それはダメということじゃないですか」と私が言うと、

「そうとも言える！」

今日子さんは大笑いしているのだった。私は呆れながらも、今日子さんとの会話の行き来が楽しくて、面白く、何故かこの人には付いていこうと思ったものだった。

この『御家人斬九郎』は今でもBSで再放送されている。今観ても今日子さんの前で演技する私の芝居はやはりコメディになっていて、それ以外は抑えている。おかげで全体的には良いメリハリがついているのだ。おそらく同じ劇団員であった渡辺謙さんも岸田さんとのシーンは彼女に預けて楽しんでいたろうと思う。

その当時はサッカーのJリーグが始まり、頭のてっぺんが丸く禿《は》げたアルシンドという選手が人気を博していた。私が演じた「岡っ引きの佐次」のカツラは頭のてっぺんが禿げてアルシンドと同じようになっている。しかしその禿げの頭をことさら見せるような演出は絶対にしなかった。あくまでも自然に、ドラマを観ている人にはわからないぐらいだった。そうやってこのドラマは細部にこだわり、丁寧な仕事をするスタッフたちによって作られていたのだった。

京都からの帰りは時間が合えば、撮影所から今日子さんとのんびりと歩いてJRの太秦《うずまさ》駅まで行き、そこから乗り継いで、京都駅から新幹線で一緒に帰った。いつも彼女はテーブルを引き出して東京まで原稿を書いていらした。

たまに息抜きのようにこちらに振ってくる。

「ねえ、シオミ君、この世で一番の女優さんは誰だと思う？」

「それは岸田今日子でしょう」そう私が返すと、

「まあまあ、今日子は別よ、スペシャルだから岸田は抜きでは誰かな？」

「うーん岸惠子《きしけいこ》さんかな……」

そんな風に私が言うと、彼女は少しムッとした素振りをしてあの唇をキュッと結ばれ頬《ほお》を膨らませて見つめる。イタズラっぽい、そして相手に対して油断を解いた独特な今日子さんの顔は懐かしくよく思い出す。幸福な良い時代でもあったなと今思う。

私の最後の舞台は「貴女《あなた》の目の色はブルーですね……」という私の台詞で始まるアトリエ公演の『ブラインド・タッチ』だった。今日子さんと夫婦役での二人芝居だったので思い出深いが、しかし、つかこうへい作・演出で演った、平成元年の『今日子』も忘れがたい。

「あんたなんか、まだまだよ！　来るなら来なさい！」とでも言わんばかりに、舞台の上で髪を振り乱して私を挑発し、立ちはだかってくださった貴女。

その芝居は「岸田今日子」という存在そのものをモチーフにしていたので、あんな今日子さんは観たくないと今日子さんの周りの近しい人たちは思われたようだ。しかし、舞台の上で一緒だった私は、毎日凄いものに出逢うワクワクした気持ちでいた。その彼女の火の出るような感情をなんとか受け止め、こちらも思い切って切り返す演劇の悦びがあった。そして、彼女だけが持つ品格に魅了された。

私はあの舞台で演技だけではない、何か得体の知れないもの、「女優」というものに初めて出くわしたような気がした。いつも一緒に舞台に立つと、俳優としてどこに連れて行かれるのかわからない恐れと喜びで鳥肌が立ち、私はまだまだこれからだと思ったものだった。

岸田今日子は唯一無二の存在だった。彼女の芝居は一本一本が挑戦的で変化している。人物の描写と劇の背景とが重ならないように、且《か》つ自分の役が説明的にならないように演じられていた。その彼女の劇というものへのアプローチの仕方は彼女の持つ皮膚感覚のようなもので、俳優が誰でも持ち合わせるような代物ではない。彼女はみんなにわかりやすい芝居からいつも少しズラしていて、そのあたりは天性の劇センスであろう。

舞台、映画、テレビ、ラジオドラマや朗読、アニメ『ムーミン』などを含む声の仕事。そして、エッセイ、小説、俳句などのあらゆる分野を、彼女は身につけた独特な知性をもって横断されていて、そのどれもが高く評価されたのは、ある意味では現代の表現者として奇跡の存在だと思う。

私も俳優として少し余裕が出てきた頃、会うと「今度はシオミが、食事、奢《おご》りますぜい」なんて言って、「あんたも今日子ちゃんにそんな口がきけるようになったのね、感心感心！」なんて笑われながら二人でたまに愉しく食事をしたりしていた。どんなに私が俳優として周りから少し評価されようが関係なく、背伸びしたり、化けようとしても、軽く笑っていなされていたように思う。その身内の仲間感覚が私には気持ちの良いものであった。

「少し体調を崩しましたが、今は元気、御飯でもまた食べに行きましょう」

２００６年の年賀状にはそう書かれていた。暫《しばら》くして入院されたことがわかり、お見舞いに行った。

元気そうな姿でベッドに腰掛けている今日子さんに笑いかけられ、泣き虫な私は少し涙ぐんでしまった。

「シオミ、あんたね、あんたが泣いてどうすんのよ、泣きたいのは私よ」

そして、その年の草月ホールで開催された映画祭で、私は初めて映画での助演男優賞を頂いた。その足で近くの山王病院に入院されていた今日子さんにトロフィーを持って報告にいった。

「その映画観てないけど、良かったね……」

今日子さんがそう言ってくださったのが、私にとっては何よりも嬉しかった。それからは見舞いに行っても、いつもいつも眠っておられるような状態だった。私は黙ってベッドの側にある椅子に腰かけてその時間を一緒に過ごした。そして、その年の暮れに逝かれた。

今日子さん、私はこうして貴女のことを思い出しています。

親族だけが列席した妻との結婚式も私の親代わりで出てくださった。今、私は少し身体が傷ついています。でも、まだまだもう少しこちらで演っていきます。優しい木漏れ日の中、貴女は焚き火の用意をしながら私を待ってくれている。

「ねえシオミ、あんた、怠けてないでさ、演ろうよ劇、舞台！」

今日子さんは笑顔だが少し待ちくたびれているようだ。

「はい、では今度は『ラ・マンチャの男』。『見果てぬ夢』ですよ、今日子さん。私がドン・キホーテで……」

「えっ、大丈夫!? あなたで。まっいいか……」

貴女と語る妄想は広がり、果てしない。いや、そんな会話を実際に交わしたような気もします。

もし彼女が生きてらしたら……。こうして今、私は今日子さんのことを回想しているが、何かしら大事な、肝心なことが抜けているような気がしてならない。今日子さんは「フフ、でしょうね！　それで良いのよ……」と天国で笑っておられると思う。

## つかこうへい　愛と憎しみ

平成の時代も終わり令和という新時代になったが、このことを、人を、書き残したい。

平成元年。私は何の恩恵も受けなかったがバブル経済は破綻《はたん》しかけていた。所は新宿、シアターサンモールのこけら落とし。つかこうへい作・演出、岸田今日子さんとの舞台『今日子』の幕が上がる。

当時、昭和天皇の崩御を受けて右翼からも世間からも歌舞音曲の中止を求められていた。ほとんどの演劇、コンサートが中止される中で、つかこうへいさんは新宿御苑の近く、東京のど真ん中で上演を決めた。私の知らないところでつかさんにはプレッシャーがかかっていたと思うが、肝の据わった演劇人だった。

今、令和2年、新しい感染症が広がりコンサート、演劇が中止の状態が続く。理由や原因は全然違うがあの時のことを少し思い出した。

つかこうへいさんの全舞台の中で、70年代半ばからの平田満さんや風間杜夫さんが活躍した「つかこうへい事務所」の時代、それが解散した後、『飛龍伝』など阿部寛さんや広末涼子さんらスターたちが出演した時代、90年代半ばからの「北区つかこうへい劇団」までの間に、つかこうへい氏と私が過ごした2年間が間違いなくある。私はたしかに優等生ではなかったが、彼との2年間は忘れない。そのつかさんももうこの世にはいない。2010年に亡くなられた。

つかさんとは、渋谷のパルコ劇場で『幕末純情伝』の再演があり、この時パルコ劇場の奈落《ならく》(舞台下)でお互いに無言ですれ違い別れたのが彼との最後であった。『今日子』、『熱海殺人事件』、『幕末純情伝』初演と再演、つかさんとはこの四つの芝居で一緒に仕事をしたが、何故最後にこんな静かな厳しい別れになったのかは、この後、時系列を追って思い出し記していく。つかこうへい氏と共に劇の時間を過ごした、私の「つかこうへい外伝」を。

『今日子』の初演が平成元年だから、その半年前ぐらい、昭和の終わり頃に、岸田今日子さんのために書きたいとつかさんが劇団に言ってこられたらしい。

岸田さんから「シオミちょっと一緒にやらない？」と声が掛かったが、私はその頃ブームになっていた、いわゆる小劇場の流れにあまり興味はなかった。どちらかといえば、別役実さんや太田省吾さんらとの戯曲で演劇の日々を過ごしていたし、充実していた。年ももう若くなかったので演るかどうか迷っていた。

つかさんは、「つかこうへい事務所」を解散して、岸田今日子に書き下ろしの新作で6年ぶりの復活をするということで演劇界も沸いた。

私は気楽な気持ちで西新宿にあった稽古場に顔を出した。予定のだいぶ前に着くと、つかさんがもう来られていて一人ポツンと椅子にかけていたのに驚いて挨拶した。すると、劇団の人が誰も来ていない、鍵が掛かっているから窓をこじ開けて入られたとのこと。そこからは、岸田さんたちが来るまで二人きりで、つかさんと話し込んだ。

「この芝居は映画の話であり、大女優・岸田今日子の話で、シオミ、お前は、やる度に大コケする映画監督の役だ」

そう言われて私は初対面でその熱量に圧倒されると同時に、独特の話術でいつの間にか芝居を演る流れになっていた。その日、今日子さんが稽古場に着くとすぐに立ち稽古が始まった。今こうして考えてみると「つかこうへい」という人間は自分の世界に周りの人間を一気に引きずり込む人で、それが彼の流儀であったのだろうと思う。

いわゆる口立《くちだ》ての台本作りでガンガン引きずり込む。初めての経験だったけれど、ナルホド面白いものでもある。私の役は大女優・岸田さんにヘコヘコしながらも強引に映画を撮り続ける映画監督で、いわゆる「モドリ」の役目だ。例えば、『蒲田《かまた》行進曲』でいうなら平田満さんの演ったヤス。劇筋のひっくり返しの時、決め台詞の後に柳ジョージの『青い瞳のステラ』の曲がかかる。今でもつかさんの劇伴音楽として懐かしく思う曲である。

『今日子』はシアターサンモールのこけら落とし公演だったにもかかわらず、なんと一日だけではあるが、そこから数百メートル離れた新宿紀伊國屋ホールでの公演で初日を開けた。ずっと紀伊國屋ホールで演ってきたホールの支配人金子さんへのつかさんの仁義だったのだろう。私たち出演者と裏方は大変であったけれども、そんなことができる時代だったのが今思うと驚きである。

初日の紀伊國屋ホール客席は昔からつかさんと演っていた俳優さんやファン、演劇評論家、マスコミで膨れ上がった。だが、彼は昔の人たちには一切会わなかった。今はこの連中とやっているということだ。そのあたりは一つひとつが筋金入りの人だった。この芝居は私の中で今振り返ると、大きなターニングポイントになった。


三十数年前のあの頃、80年代終わりの新宿、西新宿の街は開発の途中。野村の高層ビルがやっと一棟建っていたくらいだった。つかさんは一度解散した「つかこうへい事務所」を再び演劇のために立ち上げた。まだ若い佐々木さんが窓口になり、当時彼女は大学を出た後すぐで演劇のことなんかには真っ白で、その素人の感じがかえって信頼できた。その第2次「つかこうへい事務所」の佐々木さんから電話があり、再度、つかさんから一緒に演ろうと本作りに声が掛かった。

ここからはつかさんと二人、口立てで色んな役を何役も作っていった。この『幕末純情伝』は「歌う新選組！」という面白い芝居だった。私は土方歳三《ひじかたとしぞう》役を演った。渋谷のパルコ劇場で上演された楽しい舞台だった。

この頃の渋谷の街は公園通りに西武劇場やパルコ劇場があり、西武文化が最盛期だった。小劇場ジァン・ジァンがあり、単館映画も多く、文化の中心が新宿から渋谷に移った頃だった。舞台、映画、ファッション、色んな面で楽しむことができた。

そして、つかさんは次の公演を『熱海殺人事件』と決めた。松田優作さんに木村伝《きむらでん》兵衛《べえ》の役を演って欲しかったようだった。私は今でもそれは観たかったなと思う。数人の方へのオファーが上手くいかなかったようで、しばらくして、「シオミ演ってみる？」とつかさんに言われた。「冗談でしょう！」頑《かたく》なに私は断り続けた。私は何者でもなかったが、役は再演ものでなく、小さい役でもオリジナルのものをと、いつも自分が初めて演じる役に拘《こだわ》っていた。それは俳優として立つ自分の拘りだった。

つかさんは、木村伝兵衛という役を断る俳優が信じられないとそんな私を面白がっていたが、すでにもう紀伊國屋ホールを押さえていてこの芝居をやることも決まっていたのかもしれない。私は彼と少し距離を取ろうとしたが、主役がなかなか決まらずに切羽詰まったのか、『熱海殺人事件　塩見三省スペシャル』と題し、紀伊國屋ホールでの公演をニュースとして発表された。

私はもう逃げようがなかった。そして、それからが本当の意味でつかこうへいという人と向き合ったのだといえよう。

初日から立ち稽古だった。『熱海殺人事件』の戯曲集は出版されていたので、全体の流れは把握していたが、彼は私に合わせて今までと違う木村伝兵衛を作ろうとしていた。考えてみれば、つかさんならそういうことは当然だったろう。私に合わせるということは少し落ち着いたものになり、その頃に世間を騒がせていた宮崎勤《みやざきつとむ》の連続殺人事件を物語にぶちこんできたから、毎日の稽古が大変な作業だった。

狂気と幼児性、分別と暴走、支離滅裂になっていっても、そこはつかさんの劇構成と役者の魅力で乗り切るという芝居創りの人だ。私はつかさんの口立てに追いついて行けない。2時間ぶっ通しで喋《しゃべ》り続け、演じることなどできない。なかなか最後まで通して稽古することができなかった。そんな私が彼は歯がゆかっただろう。

そして、初日まであと2週間ぐらいの頃だった。いつものように稽古場に行くと、な、なんと女子プロレスラーとして当時人気の長与千種《ながよちぐさ》がいる。そしてなぜか数人の俳優さんと、私以外の『熱海』の俳優さんたちで新しい芝居を創り始めているではないか。驚く私につかさんは言った。

「シオミ、今度、長与で女子プロレスラーの話をやる。『リング・リング・リング』だ。ちょっと後ろで見てろや！」

「えー！」私は稽古場で孤立し、それが3日間くらい続いた。流石《さすが》に私もこれは一体何なのかと、彼の後ろから「あのー」と声をかけ、つめ寄った。それを待っていたかのようにつかさんが言った。

「動くな！　お前は『熱海』の木村伝兵衛だ！　後ろでドーンと座って、笑いながら見てろや！」

私がギクッとしてまた椅子に座り直したその途端に、つかさんがたたみかける。

「今から『熱海』行くぞ！」

今こうして書いていると随分芝居じみているが、彼は私の何を待っていたのだろうか……。

そこから1日2回の4時間連続通し稽古をやり、舞台の最後、幕が降りるところまで通してできて、その場にぶっ倒れた。彼は帰り際に倒れている私に言った。

「主役はここまで演じ切らないと誰も付いて行かないぞ！」

あの稽古の日々で気力と肝をつけられたのだと思う。紀伊國屋ホールの初日まであと2、3日しかなかったろうが、肝を入れられ、私はもうできるという確信があった。初日の開演前に、エレベーターの中で、二人で笑った。

「シオミ、お前のおかげで俺の歯、全部ボロボロだぞっ！」

私もだろうなぁと思った。

開演5分前のベル、『熱海殺人事件』の木村伝兵衛は、幕が上がる前にタキシード姿で一人薄暗い舞台のセンターにある机にもたれるように腰掛けている。電話の受話器を持ち、目の前の幕一枚向こうの客席のざわめきを静かに聞く。

そして、「みなさま、本日は……」という女性の声で開演のアナウンスが響き、それを機に客席は水を打ったように静まり返る。客席の明かりが落ちるのがわかる。

そこで私は深呼吸をしてテンションをマックスに上げて、舞台袖にいる舞台監督に視線を送る。

暗かった舞台上に照明の明かりが点《つ》く。ホール全体に静かに『白鳥の湖』の曲が流れ始める。ゆっくりと大きくなる音楽に合わせるように幕が上がり、怒鳴りながらの木村伝兵衛が客の前に足元から現れる……。

私の演じた木村伝兵衛は賛否両論だった。その頃は劇の幕が開くとすぐに新聞各社の劇評が出た。そこはもう私の与《あず》かり知らぬ世界ではあったが、やはり、その都度励みになったり少し落ち込んだりした。そしてそんな雑念の全てを振り払い、その日の本番の舞台に向けて意識を集中していく、弾力のある『熱海殺人事件』の日々であった。なによりこの舞台を背負ってこれから地方公演を含め50ステージをやるのだ。

この公演の終わり近くになって一度、完全に私は「ゾーンに入った」舞台経験をした。京王多摩センターにできたパルテノン多摩の劇場で、この時はもう東京近郊では最後であったせいか、新宿紀伊國屋ホールで一度ご覧になった人たち、またその時は売り切れで観られなかったお客さんなどが多くて、満員の観客と私の芝居が一体になったような気がした。

自分が役に振り回されず自然に、自由に舞台に溶け込み、木村伝兵衛として暴れられたあの2時間の体感と感覚は今でも覚えている。私にとっては舞台の神様が降りてきた唯一の舞台であった。あの日のことは忘れない。

毎日劇場の通路まで埋まってないと満足しないいつかさんだった。ともかく私はそんな超満員の観客の前で、再演を含み1年間で4本の作品を演った。

つかさんは芝居を記録としてビデオに残すことは断固拒否していた。だから『熱海殺人事件　塩見三省スペシャル』は記録としては残っておらず、最後に訪れた私の遅い青春の「記憶」である。

『熱海』が終わり、地方公演から帰ると、すぐにパルコ劇場で『幕末純情伝』の再演が始まった。もうこの時は再演を楽しもうという気持ちもあり、『熱海』で自分の俳優としての幅の狭さみたいなものがわかり、これからどうするかを考えていた。

『熱海』を演ってわかったことは、私自身の演劇は元々書物から来ていて文学めいたところがあり、芝居を演じることが好きな周りの役者さんたちとは少し違っているということだった。俳優としての道筋を自分で作りださなくてはと思い始めていた。つかさんも薄々はそう思っていたのだと思う。

公演も残り少なくなっていたある日のこと、つかさんと演劇プロデューサーと三人でテーブルを囲んだ。この後、銀座のセゾン劇場で『飛龍伝』をやらないかというのだった。『飛龍伝』は全共闘と機動隊員の話で名作である。私はつかさんの顔を見た。黙っている。プロデューサーは当然喜んで簡単にOKするものと思っている。

その年（1990年）の6月の『熱海殺人事件』、地方公演からすぐに8月『幕末純情伝』の再演。それが終わるとまた次の舞台……。少し疲れていたのは確かだった。そして、好きだった映画の世界に行きたいとも思っていた。

「この話はお断りします、今回は」

つかさんは黙って席を立ち、そのまま去っていった。それからは一切口をきかなかった。そういう人であった。

公演が終わった後も、それから亡くなられるまで一度もお会いすることはなかった。ある映画の撮影で集中している時、つかさんの取り巻きの人から電話があった。

「今、稽古している『リング・リング・リング』の稽古場に来て、話を進めるのに少し手を貸してくれないか。稽古場に顔出してくれないか」

行けばあの3年前の出逢いのようになるのかなと思ったが、私はもうその場には戻れないところに来ていると伝え電話を切った。

『幕末純情伝』の千秋楽のあの日、パルコ劇場の奈落で、最後につかさんと顔も見合わせずに無言ですれ違ったあの日の感情を思い起こしていた。あの時、振り返る気持ちがなかったわけではない。実際私は振り返り、突っ立って彼の後ろ姿を見送った。

その時のギクシャクした想いが、つかさんとの4本の芝居と同じくらいに重いものとして心の中にあったし、私にとっては大切な別れの日であったのだ。

周りの人たちには関係ない。私は俳優として一つの壁を越えたのだと思ったし、つかさんもまた、私のつか芝居の限界は感じていただろうと思う。

そして翌年だったと思うが、映画『12人の優しい日本人』が封切られた。

つかさんは広告で私の名前を見て、初めに名前が出ているので「シオミが主役だ！」と飛び跳ね凄く喜ばれていたそうだ。「あれはシオミさんが陪審員1号の役だから、名前が一番目に来ているだけですよ」とは、とても言えなかった、とその時つかさんのそばにいた人が後で電話で私に教えてくれた。

そのことを伝え聞いた私は胸がザワザワして、落ち着き無く、なんとも言えない気持ちで家を出て、『熱海』の台詞をただひたすら大声を出して覚えていた首都高速の高架下の空き地で泣いたことを覚えている。

## 中村伸郎　最後の新劇俳優

今、猛烈に立ちたい舞台がある。かつて所属した劇団のアトリエ公演。別役実さんの書き下ろし作品で、老いた中村さんの執事として隣に立ち、支える役である。

中村伸郎さんほどの舞台俳優はいない。戦中、戦後の文学座時代から三島由紀夫との邂逅《かいこう》、別役実、太田省吾との書き下ろし作品の仕事。存在と台詞の出どころが見事な私の観た最後の新劇舞台俳優であった。

そして、イヨネスコの戯曲『授業』の一人芝居。10年ほど続いた渋谷の小劇場ジァン・ジァンでの毎週金曜公演は今でも伝説となっている。この小劇場は、渋谷公園通りの山手教会の地下にあり、60年代から70年代をリードしてきた新宿の若者文化が渋谷に移ってきた中で、毎週たった一人で舞台に立っていらしたのだ。

中村伸郎さんのことを皆は中村先生と呼ぶが、私にとっては中村先生ではなく、やはり中村さんなのだ。そんな中村さんとの演劇の時間は今となれば夢のようである。

私は今70代。あの時の中村さんの年齢である。当時私は30代だったから、今存命であれば110歳ぐらいかと。演りたいな！　あの芝居を。この歳にしてこのような不具合な身体になりやっとわかった。中村さんが立っているところは明るい場でも少し暗く、まるで隠れ家にいるようであった。またあの隠れ家を訪ねてみたい。あの目にはあの時代の人が持つ孤独が宿っていた。

私がずっと忘れられない、中村さんのことを時折思い出すと浮かんでくる場面がある。別役実さんの『もーいいかい・まーだだよ』という作品でご一緒した時のことだ。老いた父を演じる中村さんの側に付き添う男1役の私はまだ若く、中村さんを立たせる場面で、何故か立ち上がろうとしていた中村さんの身体を少し押さえていたらしい。

「シオミ君、それじゃ立てないよ」

そう小声で言われハッとした。もちろん本番中である。舞台上での思わぬ失態。俳優としてシオミ致命傷だろう、それは！

中村さんはこのことを誰にも一度も言われることはなかった。そして、それからも淡々と接してくださった。怒られ、笑い話にしてくれたら、きっと私は忘れていたと思う。あの行為と時間、あの一瞬は忘れられない。

その頃はもう車の運転をやめて、稽古場へバスで通われていた。バスへの乗車の時に私が手を貸そうとしても、「イヤ、いいよ」と断り、一人で帰られた。その姿はステッキをついて、老け役の身のこなしで、「バスに乗る老人」の役を完璧に演じられているように思えた。セーターなどを着ている中村さんは見たことがない。いつも少しクタッとしたスーツ姿にコート。そんなくたびれた風情さえもオシャレに思える最後の新劇俳優だった。『東京物語』『彼岸花』『秋日和』『秋刀魚《さんま》の味』など、小津安二郎監督の映画作品群、市川崑監督の角川映画『悪魔の手毬唄』や、伊丹十三監督の『タンポポ』での北京《ペキン》ダックを食する中村さんも際立っていた。

太田省吾さんが中村さんに書き下ろした作品『棲家《すみか》』でのこと。老人が幻想の中、亡き妻と蒲団《ふとん》の上で会話を続けるシーンの終わりで、太田さんは中村さんが着ている浴衣を脱いでもらい、老いたガリガリのその身体を客に晒して幕引きにしたかったようだ。太田さん自身が中村さんに書き下ろした新作戯曲なので演出家としてその気持ちもわからなくもないが、初日が開くまで、二人はお互いに譲らなかったと聞いていた。

そして……。その場面で、中村さんはキチッと襟を合わせた浴衣姿であり、そこにライトがピンスポットで当たっていて、観ていた私は、中村さんの俳優としての矜持《きょうじ》と秘する美しさ、全部を露出すれば良いってもんじゃないという魂に泣きそうになり、舞台というものと人間の存在が見事に溶け合っていて、その静けさに身が引き締まった。

後年、テレビの『徹子の部屋』に出演した時、黒柳徹子さんと俳句の話になった。

「ほらほら、シオミさん、あの中村伸郎先生の俳句何だっけ？」

「除夜の鐘、おれのことなら放っといて、ですよね」

本番でいきなり振ってこられたのだが、間髪入れずに答えられた。中村さん、昔と違ってシオミは良い間が取れましたよ。

今、私はあの頃の中村さんと同じぐらいの歳になった。あのように押さえ込んだ佇《たたず》まいで、フワァと在ることができるだろうか、老いを生きる上で身につけたいものである。

## 長岡輝子　永訣の朝

演劇の道。その道に進んでみようかなと思い始めたのは詩の朗読からだ。20代半ばの頃、私は大森にある長岡輝子さんのもとに個人的に通うようになっていた。

長岡輝子さんといえば、朝の連続テレビ小説『おしん』で、ご出身の盛岡の方言で喋る大店《おおだな》のおばあさん役を演じて人気があったが、私が演劇の道に、そして俳優として劇団に入ることを笑って送り出してくださった方だった。長岡先生と過ごさせてもらった大森での時間で私はユーモアとシリアスを行き来する知の演劇、演劇の知を教わり、叩き込まれたように思う。

東京・大森の長岡邸の記憶は、大きな犬、お手伝いさん、優しかったご主人、長方形の大きなテーブル。長岡さんは、英文学者・長岡拡《ひろむ》の娘として生まれ、山の手で育った。演劇を志して、戦前にフランスに留学、パリで生活を送り戦後の日本の新劇を引っ張られた本格派だった。

その頃私は行き先の定まらない漠然とした未来を抱えていたが、長岡さんに詩の朗読を教わり、若い時にパリで過ごした夢のような話を聞いて、演劇という世界に憧《あこが》れたものだった。

後年、私は初めてパリに行った時、パリ1区のコメディ・フランセーズの劇場を訪れてみた。劇場の建物と周りの雰囲気もすごく良くて、その近くにある公園の並木道のベンチに腰掛け、何時間も何もせずにそこで過ごした。

また、あのジャン・ポール・ベルモントがコメディ・フランセーズを引き連れたワールドツアーの『シラノ・ド・ベルジュラック』を東京の劇場で観たことがある。その時シラノの後ろに立って居るだけの兵士たちの中にいい年の俳優さんもいて、この兵士の俳優さんたちが単なる背景としてのコロス（群衆）ではなく、一人ひとりが兵士そのものだったのだ。こうやって世界を一座で廻れるなら、俳優としてそんな一生を送るのもいいな、なんて思ったものだった。その演劇の持つ豊潤なもの、演劇の文化を羨ましく思ったのも、長岡さんと過ごした大切な時間があったからであろう。

そして、長岡さんは盛岡の人だったのでやはり宮沢賢治なのだ。宮沢賢治の詩の朗読といえば、今はみんな少しウエットに気持ちを込めるようにするが、長岡さんは

『雨ニモマケズ』も『永訣の朝』もスケール大きく詠《よ》まれて、唄われていた。宮沢賢治の詩はこう朗読するのよと教えられた。広い荒れ地に風が舞う、そんな景色が見えたものだ。

「縮こまらず、思い切って生きるのよ」

そう言われているようだった。

岩手県花巻市で開催される賢治祭にも連れて行ってもらい、宮沢賢治の弟である清六さんにも会わせてくださった。「また来ます！」と宮沢清六さんに挨拶すると「まあまあ、来られる時にね……」と清六さんからは落ち着いた返事がかえってきて、何故か意気込む自分が恥ずかしくなったことを今も覚えている。

そんな若い私を、長岡さんは優しく包んでくださった。当時、１９７０年代は社会も演劇なども激しい時代で、私も色んな意味で道を模索していたが、同年代の人たちでなく、この長岡さんのような大人、本物に出逢えたことは僥倖《ぎょうこう》で、共に過ごしたゆったりとした時間が貴重だったのだなとつくづく思う。この年まで病のことなど、色んなこともあったが、何とか超えられたのも実はあの優しく包み込まれた温かい時間が私にあったからなのではとも思う。

2010年、101歳でこの世とサヨナラされた。長岡先生は敬虔《けいけん》なクリスチャンだったので、そのお仲間の人たちとのお別れ会がYWCA(キリスト教女子青年会)の一室で開かれた。演劇の人は文学座の稲野《いなの》和子さん、高林由紀子さん、三谷昇さん。みんなお年を召しておられるので一時間程の短い時間だったが、本当に素敵な会だった。みんな落ち着いていらして30人ぐらいで紅茶を飲みながら思い出を語り長岡さんを偲んだ。最後に賛美歌の歌詞が配られ、オルガンにあわせ『賛美歌　312番　いつくしみ深き』を歌った。歌いながらみんな泣かれていたのを思い出す。あんな綺麗な涙の会はなかった。

## 植木等　あの晩餐

1997年、平成9年のNHK朝の連続テレビ小説『甘辛《あまから》しゃん』。その撮影のため、私は初めてNHK大阪放送局に通った。その頃はまだ古いビルで、スタジオの前にはいつも朝モーニングを食べていた喫茶GSや、メイク室などがあったことを20年以上経った今でも思い出す。宿泊先のホテルニューオータニから大阪城公園の中を歩いてNHKに通った。

私が演じたのは、米を作り、冬場は灘《なだ》の酒造りをしている杜氏《とうじ》・茂吉。樋口可南子さん演じる、ヒロインの母になる人を灘につれて来て、ひと冬酒造りをやって、田んぼに帰っていく役だった。本来は、ドラマが始まって早々に大阪での撮影は終了する役どころであった。ところが、「この酒蔵には、ドラマには、当主の私には、シオミさんの杜氏が必要です」と造り酒屋の当主役を演じていた植木等さんがドラマ制作陣に言われたそうで、杜氏の茂吉は復活した。

再度大阪局に行くと、植木さんが近寄って来てくださった。

「シェーン、カムバックだ！」

そう言われて私は身体が震えたことを思い出す。クレージーキャッツでの活躍、そして映画の「無責任男」としてのエンターテナーぶりは飛びぬけていた植木等さん。その植木さんがまた現場に迎えてくださった。

しかし、それだからといって私に親密にしてくださるわけでもない。植木さんは誰かと交わることもなく、淡々としておられて、リハーサルでもキチンと着物に着替えられ静かな佇まいでそこが格好良かった。私も役に没頭した。また同時期に京都の松竹撮影所で時代劇『御家人斬九郎』を撮っていて、京都と大阪の間を少し忙しく行き来していた。

NHKの方は役が膨らみ、愉しく、充実している毎日が続いていた。朝ドラは15分の放送だが、主人公と15分丸々の二人芝居も演った。

植木さんは一足先にクランクアップが近づいていた。そんなある日、植木さんが声を掛けてくださった。

「シオミさん、今日撮影が終わったら、夕飯一緒に食べませんか」

食事に誘われてビックリした。もう嬉しくて！　何を話せば良いのか、何処に連れて行ってくださるのか！　緊張と興奮で胸がふくらんだ。

撮影後、私服に着替えて二人でエレベーターに乗り降りた。着いた所はなんとNHK大阪の社食だった！

「シオミ君はA定食？　それともB定食？」

……冗談ではないのだ。本当にカッコ良かった。あの格好良さは、「植木等さんに私は会ったのだ!」という幻ではない確実な思い出として、いつまでも心に残っている。

このエピソードは、ドラマの地方ロケでご一緒したクレージーキャッツのワンちゃんこと犬塚弘さんと、やはりドラマで出逢った植木等さんの大ファンである星野源君にしか話していない。二人は神妙に聞いてくれ、深く頷《うなず》いてくれた。単なる笑い話ではない、人間の人格というか品格というものの話なのだということがわかりあえた気がして、それが嬉しかった。あの社食での食事が私の人生の最大の晩餐だったのだとも思える贅沢《ぜいたく》な思い出の一つである。

植木さんは年を取られてからも良い作品を残されているが、クレージーキャッツの時も凄かった。あのような時代は二度と来ないし、あんな人はもう生まれないだろう。少しふざけたような、崩した感じの植木さんはよくドラマなどで再現されているが、私にはピンとこないことが多い。あの人のモダニズムを身に付けていないと難しいと思うし、誰かが取って代わって真似ることはしなくてもいい人だと思う。ノリがあればいいってもんではない。植木等さんはあの時代が、日本という国が色んな意味で膨らんでいった、明るい活気のある、あの「昭和」という時代が生んだスターなのだ。

植木さんのおかげで杜氏の茂吉の役は脚本家の宮村優子さんの手にかかり第1話の若い時から最後の週、90歳を超えるまでを魅力的に書かれて素敵な時間を走り切ることができた。あの朝ドラの大阪の日々は、キャストもスタッフも良く覚えているが、俳優は役に会うのと同時に、人に会うのであるということを実感した大切なドラマでもあった。

## K君へ　演劇に捧げる

私は20代の後半から66歳で倒れるまで、約40年をいわゆる新劇の劇団に属していた。とはいっても、舞台一筋の俳優であったわけではない。むしろつかこうへいさんの三連作を境に演劇と別れ、好きだった映画の世界に舵を切った。劇団とは少し距離をとっていた。１９９０年代の日本の映画は面白くて、もう舞台には戻らないだろうと思っていた。

ある時、劇団で敬愛してやまなかった岸田今日子さんから電話があった。

「今度芝居やるの。演出はKで、私と夫婦の役で、劇団のアトリエで二人芝居演らない?」

突然の誘いだった。色々なことはあったけれど、演ることに決めた。つかこうへい氏の舞台以来の十年ぶりだった。

演出家のK君は劇団の後輩であり、ナイーブで筋の通った男だった。頑固で自分の中に好き嫌い、良し悪しのハッキリした面もあった。岸田さんはもちろんのこと、中村伸郎、南美江、高木均、三谷昇さんらと落ち着いた芝居、静謐《せいひつ》な舞台を作っていた。

2002年10月。田原町のアトリエで、そのこけら落としの公演『ブラインド・タッチ』は、岸田さんと私の二人芝居だった。落ち着いた静けさと佇まいのあの舞台は、もう20年ぐらい前になる。私は落ち着いた諸先輩方と違い、稽古場では彼の演出に怒鳴りながら感情をむき出して演っていたが、K君はそれを静かに受け止め、あるべき方向に導いてくれたと思う。そんな私たちを今日子さんは笑って見守った。これが結局、私にとって最後の舞台になってしまった。

2014年に私は病でその夏いっぱい入院したので、それを機に40年いた劇団を決意を持って辞めた。もう身体も舞台俳優のものではないし、劇団そのものからも心が離れていた。そしてもう私を劇団に引き留めようとしてくれる人は誰もいなかった。寂しかったが、まあそれも自分で蒔いた種でもあるとも思ったが、40年いたからね……複雑であった。

「シオミ、車椅子でも良いから待っているよ」

嘘でもいいから誰かに言って欲しかったと思ったのは、私の甘さと我儘《わがまま》であろう。その劇団の後輩K君が入院中に唯一見舞いに来てくれた。退院した後も家に訪ねて来てくれて、映画、音楽、小説、先輩俳優の懐かしい話などをして、苦しい私の気を紛らわしてくれた。何でも良く知っていて、妻共々楽しませてくれた。

そして、彼が劇団の養成所の芝居と本公演の演出で忙しくなり、会うこともなくなって2年が過ぎた。私もその間にテレビドラマや映画に出演して何とか復活できた時期だった。北野武監督の映画『アウトレイジ 最終章』で、その年の「ヨコハマ映画祭」で助演男優賞を受賞したことをメールでK君に知らせたら凄く喜んでくれた。

そんなある日の夜、妻とお茶をしていると家の電話が鳴った。このところ夜に家の電話が鳴ることはまずないのだが、妻が電話口で息を飲み、声を震わせている。K君のお母様から、彼の突然の死の知らせだった。1年程前に、俳優養成所の若い人たちを指導するのは本当に楽しいとの電話をくれたりしていたので、彼は何にも染まっていない若い人たちとの演劇を大切にしようとしているのだと思っていた。

妻と二人であまりのことに静かに泣いた。K君のことはもちろん驚いたが、私は何故かその時は、電話をくださったお母様や残された者たちのことを思った。私自身が懸命に生きようとしていた時であり、生命は自分一人のものではないと強く思っていた時だからであろう。

演劇人というものがあるなら、舞台の上で芝居をする、演じるということだけでなく、演劇を通して深く人と交じり合うものだと思う。私の最後の舞台が、彼と岸田今日子さんと三人の目線を息を詰めて合わせられた作品であったことが、長い私の演劇の終わりにふさわしく感じられた。

私は演劇のアマチュアリズムを信じている。透明な狭い空間の落ち着き、静謐、観客に媚《こ》びず、観客を置き去りにすることをも少しも恐れない本物の演劇の先輩たちを、朴訥《ぼくとつ》でありながら洗練された頑なな演劇を私は忘れない。

私と一緒に舞台でその濃密な時間を過ごし、共に生きた、演劇の人たちはみんなあちら側に行ってしまった。この世にポツンと残された私には、あの人たちと時間を共にした思い出が大切なのだ。私の夢の中で、私の演劇や舞台は、全て幻のようで甘い懐かしい透明なものとして生きている。いや、その中にしかないので、かつてはそんな時代があり、先輩たちがいたことを話す人はもう誰もいない。舞台を語るにも言葉が通じ合う人がいない。

K君がいれば……そんな昔のこと、芝居をする度に深い所に誘ってくれて、それでいて、いつもユーモアを忘れなかったあの人たちのことを、敬意を持って懐かしい思い出を繰り返し愉しく話せたのに。それが寂しい。

演劇は記憶であるとしか言えない。だから私はいつも、いつまでもこうして、これからも思い出すのだろう、話しかけるように、低い声で静かに、何かに向かって、歌うように伝えたいものがある。

K君が私に遺《のこ》した最後の手紙がお母様から送られてきた。「ごめんなさい……」と一言書かれてあった。

彼が好きだと言っていたテレンス・マリック監督の映画『天国の日々』をまたこの夏に改めて観てみた。見えているものは景色も人も、その映像のあまりの美しさにただただ胸が締め付けられた。彼は風にさらわれていったのだろう。『天国の日々』に出演していた劇作家のサム・シェパードも亡くなってしまった。

## 大杉漣　孝《たかし》のこと

2017年9月。東京イイノホールにて、北野武監督の映画『アウトレイジ　最終章』の完成披露試写会が10月からの公開を控えて開催された。

私自身は、NHKの大河ドラマ『軍師官兵衛《ぐんしかんべえ》』の記者発表以来、公には4年ぶりとなるマスコミへの顔見せであった。

舞台上では、北野監督を真ん中に西田敏行さん、大杉漣、私、右隣には岸部一徳さん、全員座った形で、私は緊張しながらもなんとか短く挨拶を終えた。

目の前に広がる景色は観客とマスコミのフラッシュの波で騒がしかったが、自分はシーンとした静寂に包まれていた。私は病に倒れて半身不具合ながらも、前の年の夏2ヶ月間の撮影を経て1年ぶりにこの場に辿《たど》り着いていた、映画に復帰したのだというある感慨があって座っていた。

「シオミはん、映画は闘いだものね……」

左隣の大杉からの突然の囁きだった。

大杉漣。本名、大杉孝に逢ったのはもうかれこれ40年以上前になる。私は社会にはじかれ、はじき返し、行き場を見つけられない自分のためのセラピーとして、演劇というものに出逢った。20代の半ばの頃である。孝は三つ歳下だった。私と孝は阿佐ヶ谷のアトリエで一緒に演劇なるものと格闘していた。

当時の孝はガリガリに痩《や》せていて、頑固な男だった。その頃の彼は不条理な作品を書かれていた劇作家・別役実に拘っていた。私たち二人がアンダーグラウンドの世界にいたことは間違いなかった。大杉の書き残した著書『現場者《げんばもん》』に、奥様の大杉弘美さんが当時の若い私たち二人のことを覚えておられ、特別寄稿の中に少し記されている。

その後、彼は太田省吾さんの転形劇場に道を求め、私は新劇の劇団に入り私たちは別れ、それぞれの道を進んだ。

転形劇場が赤坂の一ツ木通りの旧ＴＢＳの裏にアトリエを構えていた時は、『小町《こまち》風伝《ふうでん》』『水の駅』など、よく観に行った。それは沈黙劇で、水道の蛇口から一滴のしずくが落ちるのを大杉が大きく口を開けて待っている場面を覚えている。観た後は挨拶だけで互いに無言で別れた。

一度だけ二人で歩いて赤坂見附の駅まで帰ったことがある。

「演劇とアートが初めて交差したのだな」

そんな感じのことを話しながら、私は心の中でヤラレタな、孝は自分の表現の道を切り開いているのだなと羨ましく思っていた。自分の軟弱さを恥じる気持ちであった。転形劇場が赤坂から都心を離れた小竹向原へ劇場を移しても、必ず観に行った。密度の高い素晴らしい作品であった。彼等はヨーロッパへも活動の場を広げていた。品川徹、瀬川哲也さんたち、太田省吾さんも随分歳も離れていたし、そんな中で彼は揉まれて鍛えているんだなと思った。大杉は孝から大杉漣となり映画の道へも活動の場を広げていた。

その頃の私といえば、新劇の劇団で岸田今日子さんらと子供芝居や別役実さんの作品を演っていた。そして私も徐々に映画の隅っこに出入りできるようになっていった。大杉が出演した竹中直人さんの映画『無能の人』と同じ時期に、私が出演した中原俊監督の『12人の優しい日本人』も公開された。その頃から大杉は多くの映画作品に出て活躍の場を広げていた。

私たちは映画でもドラマでも同じ作品に出ていても、ほとんど一緒のシーンはなかったように思う。撮影所、テレビ局で彼と出会っても、お互いなんの屈託があったのか話が弾むことなく「オッ！」くらいの挨拶で別れた。だから、彼と会う時はいつも静かな時間だった。他の俳優さんに聞くと、彼は明るく気さくで現場を盛り上げる男としても人気があるらしい。初めて出会った時からそんな大杉を私は知らない。

2010年、彼が別役実さんの戯曲『象』を稲垣吾郎さんと演った舞台を新国立劇場へ観に行った。転形劇場で身につけた時間を止めたような身体、彼しかできない動きやメソッドを別役さんの世界にぶっ込んでいた。この『象』という難解な不条理劇に、彼は己の肉体と言葉を使って見事に応えていた。それまでたくさんの別役実さんの芝居を観てきたが、恐らくこれがベストであろう。彼と私が共に演ったあの日々から、ずっと別役さんが頭にあったということだ。なんて奴なんだと思い、私は楽屋に行った。

「お前良くやったな、やっぱり好きなんだな舞台……別役も」

そんな間抜けなことしか言えなかった。ハグしてやりたいぐらいだったが、彼は「やめなよ、シオミはん」と照れながら言うに違いなかった。だが、彼の中では会心の舞台だったろうと思う。

私たち二人、共におそらく初めての劇というものとの出会いだったあの日々から、若かった彼が演じた別役実作品の『門』からの、過ぎ去った長い時間を思った。

次々に楽屋に来る人に応対する彼は自信に満ち、舞台俳優としても板についていた。なぜか私はもう彼の舞台を観に来ることはないだろうと思った。それ程に完璧な舞台での立ち方だった。あの難解な戯曲と対峙して乗り越えてもいた。あの舞台は忘れない。

そして数年経ち、私たちは北野武監督の映画で再会を果たした。『アウトレイジ 最終章』である。長い付き合いの中でおそらく初めてであろう対面で台詞を交わした。東宝撮影所内のセットで彼は激しい芝居を私にぶつけてくれた。嬉しかった。楽しくもあった。私は自分の身体のこともあり、現場では絶対に無駄口をたたけないので、少し大杉と、「漣」でなく昔の「孝」と話したくて昼の食事休憩の時に杖をついて、廊下の向こうにあった彼の控え室を訪ねようとした。

彼の部屋の前に立つと中から午後の撮影に備えて台詞を繰り返している彼の声が聞こえてきた。そうだよね、ここは昔を懐かしむ場じゃないよね。私は気を引き締めてそのまま引き返し、自分なりに午後からの撮影に静かに備えた。

そして、映画『アウトレイジ　最終章』がクランクアップして1年後、冒頭のイイノホールの完成試写会の舞台上で彼が言った一言につながる。「シオミはん、映画は闘いだものね……」に。

翌年、大杉漣は彼方《かなた》の世界に逝ってしまった。その反響、惜しむ声の大きさは如何《いか》に彼が愛されていたのかが偲ばれた。青山斎場でのお別れ会は遠慮した。

そして、彼が自力で製作しプロデューサーとして俳優として遺した映画『教誨師《きょうかいし》』を有楽町のスバル座に観に行った。奥様の大杉弘美さんもスタッフプロデューサーとして奮闘されたという。あの阿佐ヶ谷のアトリエでの、頭でっかちで突っ張った、ガリガリに痩せた20代の孝と私を知っている人はもう弘美さんしかいない。

まるで舞台劇のような緊張感のある映画を観ながら、大杉って何者だったのだろうと思った。映画は大杉が演じている教誨師が、人間の生と死を様々な角度から静かに受け入れる様が描かれていた。渾身《こんしん》の作品なのだと思う。

同時に物語と離れたところで、近年彼が身につけていたある洗練さがそぎ落とされ、私の記憶の中に残っていたゴツッとしたあの頃の孝が見え隠れしていて私は驚き、胸に熱いものがこみあげてきたのだった。

「わかったよ、楽しかったよ孝、お疲れ様……」

彼のことを思うと、人は本当にいなくなるものなのだと改めて気づかされ、此岸《しがん》と彼岸は一つのように思われる。

そして別役実さんの訃報のニュースが流れた。大杉、何もかも大きく変わっているよ……。

## 微かな声が聞こえて来る

向こう岸に渡ったあの人たちを、そして一緒に過ごした日々を思うと、今の私には懐かしくも、温かい真綿に包まれているようでもある。人について書いてはいるが、その背後にある演劇を通して、あの時代を思い出しているのだと思う。何故なら病気をしてから次々に出てくる記憶の破片を探しているうちに、あの人たちに「此方《こちら》においでよ」と呼ばれるのではなく、「もう少し生きて頑張れよ……」との声を微かに聞くからであろう。

# 第4章
# この人たちと
# 生きる

## 生きることへの
## 支えとして

長嶋茂雄さんに頂いたジャイアンツの
2017年春キャンプのプレミアム・キャップ

私は退院してこの世の中に、そして自分の仕事としての世界に少しずつ戻ってきた。そこで、また映像のフレームの中の住人として生きることができた。その手助けをしてくださった人たちには感謝しかない。

この第3～4章のあの人たちこの人たちは、名のある人が多いかもしれないが、それは私にとって書くことの要件ではない。色んな見方があるので、あの人はこういう人だったということを書いているつもりはない。私がその時に感じたことを素直な気持ちで書いただけのものであり、その存在の在り様が、思い出す過去の記憶が、濃いものであったに過ぎない。しかし共に生きているこの人たちと、また追憶の中のあの人たちとに支えられて、この年月を生きてきたのは真実である。

まだまだ自分にはやりたいこともある。皆さんと過ごしたことによってこの先に待っていることへの悦びを感じる私なのである。

## 岸部一徳　のっぽのサリー　私の盟友

２０１４年桜の咲く頃に私は倒れ、その後5ヶ月のリハビリ入院。まだ、その時点ではテレビでオンエアされているドラマがあり、誰にも知らせずに退院したのはもう夏の終わりだった。しかし、この病との付き合いが、本当の闘いが長い時間かかるということがわかった時にはもう年が明けていた。

そして、２０１５年。この年に思いもかけず、俳優として二つの仕事が入ってきた。これから私が俳優としても生きていく上で、いや客観的に俳優を続けることは無理だとしても、この仕事が最後になるかもしれないという自分の思いを見届け、この身体と気持ちをカメラの前に運んでもらいたい人……。その時、私にはこの世界では、頼りにして話を聞いてもらい、相談できる人は一人しかいなかった。岸部一徳さん。思い切って電話をして日本橋の三越前で待ち合わせた。

その日、一緒に交差点を歩いたが、あと半分ぐらいの所で信号がチカチカして赤になった。私は焦ったが、岸部さんは走り出した車を制しながら、寄り添い一緒に渡ってくださった。初めて見る私のひどい症状に驚かれたと思う。そして後日、事務所の佐藤さんを交えて、岸部さんにこれからのことを、苦しい胸の内を、ある日は食事しながら、またある日はお茶をしながら相談し話を聞いてもらった。といってもまだ私には、人の話をまともに聞くことができずにいた……。

この病は身体に不具合が残るほかに、脳を傷つけたために、回復期には目に見えない色々な症状が出る。その一つらしいが、その頃はただただ自分一人で喋《しゃべ》り続けていた。その時期の切羽詰まった状態は、やはり普通ではなかったと思う。

その間の私の状態を知っているのは、妻以外には岸部さんと佐藤さんだけだ。お忙しい中なのに本当によく付き合い、聞いてくださったと思う。あの時間があったからこそ、私はこの身体で世に出て行くことを決意することができた。ずっと焦点が合わなかった私を丁寧に現実と向き合わせてくれ、さりげなく寄り添い支えてくれた。

話をしている間に頭の中がキュッとしまっていき、ひたすら喋り尽くすことで身に襲ってくる恐怖心を紛らわし、限りなく普通に戻れたのだ。新しい自分に肩を貸してくださることを頼み、一緒に歩いてくださることをお願いした。彼の前では仮面を剝《は》がし、病を得た素顔の自分が出せたのだろう。今振り返ってもあの時間がなければと思うとゾッとする。こちらの世界に、病気をする前に私がいた世界にそっと引き戻してくださった。

そして、その年の暮れに事務所の佐藤さんに連れられて、岩手県大船渡港の埠頭で夜明けと共にただただ懸命に歩く姿をカメラにさらすことができた。

岸部一徳さんとはこの30年、映画やテレビドラマでもたくさんの作品でご一緒した。どういう人間になりたいかを考えないで俳優をやっていても仕方がない。いわゆる芝居を巧《うま》くやっても、首を縦に振らない。良い芝居ってなんだといつも岸部さんには問い掛けられていたように思う。

いうまでもなく、GS（グループ・サウンズ）、ザ・タイガースのベーシスト。映画俳優としては真のプロ。いつもカメラの前で人のサイドに立つ面白さと輝きを教えてもらった。10代から日本の人気者、山の頂上から見た景色を知り、俳優としても山の裾野も知っている人だ。

撮影で一緒にたくさんのロケ地に行った。沖縄では3ヶ月、西表島《いりおもて》でご一緒した。

東京でも渋谷の喫茶店や、有楽町の今は無き三信ビルの「ニューワールドサービス」という喫茶店で、よくもあんなに話すことがあったものだと思うくらい語り合った。あのような時間、日々が私の人生の中にあったのかと今は懐かしく、貴重だったと思う。あんなにもただただ話をしていた数年の日々が今は宝物のように思い出される。彼は自分の時間を他人のために費やしてくれる人であり、私はそれに甘えてしまったのだ。

2016年になった早々に、ABC朝日放送のドラマの撮影があった。原作は桜木紫乃《さくらぎしの》さんの『氷の轍』。瀧本智行監督である。私は主人公（柴咲コウさん）の父親役で、ずっとベッドに寝ながらの撮影であったが、ロケ地は北海道の釧路《くしろ》、私の本格的な復帰作でもあった。

そこに事務所の社長でもある岸部さんが私の撮影日に合わせて、ワンシーンの役を引き受けて出演された。私のことを心配もし、見届けようとなさったのだ。

岸部さん、マネージャーの佐藤さん、妻、私の四人で羽田から釧路への空路の旅は忘れない。私が身障者なので、退院以来初めて車椅子に乗って空港内を移動し、四人とも他の客と別扱いでカーゴに乗り搭乗した。そのことをみんなで面白がった釧路へのロケ移動だった。私が笑ったりしたのも本当に久し振りだった。

その夜は釧路のホテル内にあるレストランでステーキをご馳走してもらったが、私は嬉しくて、一人で話をしていたのをみんなが聞いてくれていた。明日本番だから、もうこのあたりでと言われても私はずっと話し続けていた。健常な時、ドラマのロケ撮影に来た夜に、気の合う仲間と過ごした時間を思い出し、嬉しくて楽しかったのだ。

翌日、私は午後からの撮影だった。ロケ地である病院に行くと、岸部さんはすでに午前中に撮影を終えられていた。私の本番の撮影をモニターの前で最後まで見届けると、その日の最終便で東京に戻られた。本当に忙しい人なのだ。そして別れ際に私に言われた。

「シオミさん、大丈夫だよ。以前とちっとも変わっていない。俳優としていけるよ！」

私が再度、俳優として演っていけるのかもしれないと思ったのは、その言葉を聞いてからである。もしも、少しでも私に不安があれば、きちっと「まだだね」と言ってくれる人なのだ。もちろん、スタッフの力を借りてではあるが、私を客観的に観てくれたあの日の岸部さんの言葉が、自分の中で大きな原動力になったのだった。

そのシーンは、自分でも内心意識していたワンカットの居住まいと表情なのだが、フレームの中の人として成立していたのだ、とホッとして嬉しかったことを覚えている。私も彼に観てもらい、確認してもらいたかった再出発のチェックだった。

今もことあるごとに誘ってくれている。新年会、誕生日会と、事務所の家族のような温かい気持ちが今の私の心を溶かしてくれる。3年前には、やはり岸部さんたちと東京ドームの3階にあるゲストルームで、ポール・マッカートニーのコンサートを楽しんだ。

バルコニーに出る前に音合わせが行われていて、私たちの部屋の中にポールの生の声が聞こえてくる。「ハード・デイズ・ナイト」、目を閉じて聴いた。

ギュッと詰まった愉しい俳優人生であったが、この年齢になって、思いもよらなかった病で身体の不具合をかこったものの、こうしてみんなと一緒になって東京ドームでポール・マッカートニーの生の歌声を聴きながら、芝居とは関係なく、自分はステキな人たちに出逢え、まあ悪い俳優人生ではなかったと思い、泣きそうになった。

もう一度カメラの前に立ちたい気持ちがまだ少し私に残っていて、深い森の中に迷い込み、彷徨《さまよ》い、追い立てられたが、それを諦める前に、倒れる寸前に「岸部一徳」という樹《き》に寄りかかったということだろう。

2016年の夏、北野武監督の『アウトレイジ 最終章』の物語のラスト前、西田敏行さんと岸部さんと私の三人でソファに身体を沈めながらゆったりと静かに台詞を吐くシーンを撮影していた。待ち時間の間も北野監督の元でただ座っていただけでも、皆さんと同じ時代を生きた同級生として、私にとって贅沢な時間であった。

同作で「ヨコハマ映画祭」の助演男優賞を頂いた時も、岸部さんは横浜の会場まで来て祝ってくださった。あの時の日本橋三越前と同じように少し肩を借りて、舞台の袖まできてもらった。受賞式で受賞の挨拶をしていると、会場の客席の一番遠い奥にいつの間にか座っていた彼の姿が目に入り、胸がつまった。声が弱くなりそうになったので挨拶の声のトーンを一段と力強く上げた。客席の奥まで届けと……。

岸部さん、私は今70歳を超えて身体にも不具合が残りましたが、俳優というものが以前より愉しくなりビックリしています。

貴方《あなた》には少し笑いながら「シオミさん、いつまで演るつもり!?」と言われそうですが「まあでも、そう永くはないと思いますよ……」と笑って応えたい。

## 長嶋茂雄さん　リハビリの師匠として

長嶋茂雄さんはきっとリハビリの先輩として、同じ病の仲間、同志として私に接し続けてくださったのに違いない。そうでなければ信じられない4年間であった。

退院後、身障者として世間に放りだされた私は、どうしてあの過酷なリハビリを続けられたのであろうか。それは週1回、Hリハビリテーション病院に外来で通うようになり、長嶋さんに会えるようになったからである。その頃は心身共に落ち込んでいたが、木曜日のリハビリだけはとても楽しみで仕方なかった。最終的には自宅から病院のある初台《はつだい》まで地下鉄を乗り継いで通うことに決めていたので、公共機関を使うというリハビリにもなっていた。毎週の素敵な時間だった。

あの狭い暗く閉じ込められたリハビリの世界から、不具合のある身体をもって以前の私がいた業界に一気に戻って行けたのは、長嶋さんの「シオミさん、どーってことないよ」と言わんばかりの超ポジティブシンキングのお陰だと思う。ナルホド、長嶋さんと少しでも話していると大きな世界に誘われてしまうのである。長嶋さんだけは逢った人にしかわからない雰囲気があると思う。そのオーラを浴びて私は仕事にも戻れたのだろう。

「シオミさん、苦しい時には引いたらダメだよ。そういう時こそグッと前に出るんだ！」

そう力強く言ってくださった長嶋さんが、俳優としての私を、また一軍の試合でバッターボックスに立たせてくれたのだ。

「映画やドラマに戻っても、思い切ってバットを振りなさい」

そう言われているようであった。東京ドームで4万人の大観衆の中、左手一本でバットを持ち果敢にフルスイングされるミスターは、この半身を傷つけた人たちのスーパースターであり、リハビリ界でもレジェンドだ。私にとっては同じ病と闘っておられるミスターの姿が誰の言葉よりも説得力があったのは当然のことであろう。

2〜3回、私が撮影の都合でリハビリを休むと、次の週には「シオミさん、先週はどうしたの？」とありがたくも必ず声をかけてくださった。仕事に戻ろうとする私の意欲と執念をいつも笑顔で喜び励ましてくださった。

小学生の頃、田舎に唯一あった本屋さんの親父が「これからは週刊の漫画誌が出るから忙しくなる」と言っていた。12歳だった私は、その『少年サンデー』の創刊号の表紙で現れた長嶋さんの写真をはっきりと覚えている。干支《えと》でいえば一回り違い。私たちの世代にとって長嶋茂雄さんはルーキー時代からスーパーヒーローであった。

関西生まれなので私は巨人のファンというものではなかったが、それでも長嶋さんには打って欲しいという気持ちだった。そう思っていた人は多いと思う。銭湯やロッカーなどの鍵も、何でも3番、「3」という数字を選んでいた。今でもそれは変わらない。

私が病で倒れ、半年近い入院生活から退院してHリハビリテーション病院の外来に行くと、その大きな背中が「イチ、ニイ、サン！」の掛け声と共に私の眼前に現れた。ナガシマシゲオさん！　初めて声をかけていただいた時は嬉しかった。ツーショット写真も撮っていただいた。カメラを構える妻も、長嶋さんのオーラが凄くてビビってしまい、近寄ることができずに引きの写真1枚しか撮れなかった。

NHKの『あさイチ』金曜プレミアムトークに出演した時に有働由美子アナウンサ

ーが、その時二人で撮った写真を紹介してくれた。長嶋さんはこういう類のプライベート写真は公《おおやけ》になさらないらしいが、有働さんを信用なさっていたのだろう。快諾していただいたとのこと。

長嶋さんは倒れて2年弱で東京ドームに姿を見せられたと聞いていた。私も倒れて2年が経つ前に『あさイチ』に出てこの身体を晒した。収録後に有働さんが朝早かったからねとくださったオニギリの美味《おい》しさは忘れない。井ノ原さんと有働さんのリードで初めて病気のこと、リハビリのことを1時間ぐらい話せた。長嶋さんがリハビリということを通して私に大きな世界を見せてくださったから、テレビの生番組で話すことができたのだろう。

その後もずっと週1回、病院で長嶋さんに逢えることにワクワクしていた。長嶋さんにとってはリハビリという感じではなく、もはやトレーニングの域である。私は少し早めに行って長嶋さんのリハビリの様子を拝見した。そして、長嶋さんは終わった後、帰りがけにいつも声をかけてくださった。ずっと勝負の世界で闘ってこられた、ミスターだけが持つメジャーの優しさと微笑み。

ある日のこと、私はほんの少し弱音を吐いてしまった。

「シオミさんこれも人生だよ……」

長嶋さんにそう言われた時は、堪《こら》えきれずに泣いてしまった。すると、そんな私を館内に響きわたる大声で励ましてくださった。

「ガンバレ！　ガンバレ！　ガンバレ！」

私の胸の内に熱いものがいっぱいに溢れた。


また、「この夏は北野監督と映画の仕事をしますから、リハビリは休みがちになります」と報告したら、「ほー、タケちゃんと。彼にヨロシクね」とおっしゃった。北野武さんにもそのことはお伝えした。北野さんもヨロシクねと少し微笑んでおられた。北野監督に私的な話をしたのは恐らくその時が初めてだと思う。

その後映画が完成して、長嶋さんは公開前の試写会での私の姿をテレビのニュースか何かでご覧になったのだろうか。私の立ち姿についてこう聞かれた。

「シオミさん、あれは何分くらい立ってないといけなかったの？」

「うーん10分ぐらいです」

私がそう答えると、

「駄目だよ、10分ぐらいは頑張らないと。じゃあ見ているから歩いて！　イチ、ニイ、サン！」

長嶋さんはそう言うと、いきなり私の「杖なしでの歩き」を見てくださった。私は緊張感で思うように歩けない。足もグラグラし倒れそうになりながらも、なんとか歩く！　長嶋さんも首を振りながら大声で掛け声をかけてくださった。

「イチ、ニイ、サン！」

長嶋さんのノックを受けたのは、おそらく監督をなさっていたあの頃のジャイアンツの選手以外では初めてだろう。嬉しかった！

2017年の春、ジャイアンツの宮崎キャンプの限定品の帽子を長嶋さんから頂いた。ツバのところには「長嶋茂雄 3」とサインを書いてくださった。もう嬉しくてそれからはリハビリで外出する時には必ずこの帽子を被《かぶ》っていたら、夏の暑さもあり汗でサインの字が滲《にじ》んで消えかかってしまった。夏が過ぎ秋口に、長嶋さんに思い切って打ち明けた。

「スミマセン、この帽子のサインが……」

「大丈夫だ。高校野球の甲子園でもピンチの時にはピッチャーは帽子のツバを見て気を入れ直すから、シオミさんもピンチ時にはツバのサイン見て！」

そう言って励ましてくださった。そして今度はYGのロゴが入った色紙に「勝つ長嶋茂雄 3」と書かれたサインをくださった。すぐに神保町の文房堂《ぶんぽうどう》で額装してもらった。長嶋さんの「勝つ」は「精一杯生きろ！」ということだと思い、一緒に撮って頂いた写真と共に今でも部屋に飾っている。

リハビリテーション病院での長嶋さんは車椅子の人にも腰を屈《かが》め、視線を相手の人に合わせて、笑顔で話されている。この病気では腰を屈めてキープすることは大変なのである。

長嶋さんの出身地、千葉県佐倉市には毎年少年野球で行かれているようだった。いつもオシャレで誰に対しても丁寧な態度で接する。よく帽子も被っておられたが、私にでもいつも絶対に脱がれて話された。紳士的で優しい方だ。その行動は、私も見習っている。

長嶋さんの言葉、「一生懸命にやればできるようになり、もっと一生懸命やれば楽しくなる。そしてもっともっと一生懸命やれば、誰かが助けてくれる！」を心に刻んでいる。苦しく、閉じこもりがちになるこのリハビリを通して本当に考えられない大きな世界を見せてくださっている。

2018年の夏頃に体調を少し崩されたようで、リハビリに行っても逢えなくなり、毎週寂しく感じていたが、ニュースで伝わる快復の報せに安堵して、私は毎週この病院でミスターを待った。

2019年、プロ野球が始まった。第2週目、4月2日ジャイアンツがホームの東京ドームに帰ってきた。もしかして……私は6時からテレビの前に座っていた。そうしたらやっぱり、長嶋さんが！　ミスターが東京ドームに元気な姿で、あの笑顔で……。いつも優しく付き添われていた所《ところ》さんも一緒で何も変わっていない。

外来でリハビリに通っていた私は、国の決めた規則でHリハビリテーション病院に通えなくなり、その1週間前に退所していた。長嶋さんにお礼が言えなかったことだけが心残りであったのだ。東京ドームのバルコニーに立たれている長嶋さんに、「有難うございました、これからもリハビリ頑張り続けます」と誓った。

リハビリの世界でも、勝つか負けるかの闘いの中に身を投げてこられた長嶋さん。

この4年間、週に1回ご挨拶をして、少しお話するだけであったが、私の心に突き刺さるものがあった。弱音を吐くな！

## 三池崇史《みいけたかし》　入口と出口

1980年代の半ば。私は演劇とアルバイトの生活を中心に、たまにテレビの仕事をやっていた。刑事ドラマ『ザ・ハングマン』では色んな役を演じた。単発だったがテレビに出た。これが映像というものの入口だったのかもしれない。調布の日活撮影所だった。それがシリーズ化されて、シリーズごとに3〜4回違う役で出た。そこで一人の若い助監督と知り合い、多分サードだったと思うが、人見知りの私にしては珍しく仲良くなり、お互いに刺激しながら汗まみれになって、慣れないテレビの仕事をしていた。彼が有能な助監督であることはわかっていた。単発出演だったから、多分1話で一日の撮影の時もあったと思うが、数回の出逢いであり、激しい日々の中、彼とのことは舞台に戻っても忘れることはなかった。その男の名は三池崇史。

数年後、映画『中国の鳥人』を観た。「えーあの三池……」。

あの頃、テレビの連続ドラマのフリーの助監督から一気に本編にまで駆け上がった監督は三池さんだけじゃなかったかな。でも今村昌平の門下生だったからね。度肝をぬく凄い映画だった。

それからの彼の活躍は破竹の勢いで、私はあの懸命だった彼の姿を思い、ずっと応援していた。もう押しも押されもせぬ三池監督と言われるくらいになっていたが、私も映画の世界の隅っこにいて、俳優の間でも彼は人気があった。

そして、事務所に「若い時シオミさんからもらったあのTシャツのお礼を言いたいから」という変わったオファーをもらったのは、初めての出逢いから何年経っていただろうか。ようするに会いたいということだ。自分を忘れていなかったことに驚き、それから4本の映画で一緒に仕事をした。『龍が如く』『スキヤキ・ウエスタン ジャンゴ』『クローズZERO』『神様のパズル』と、どの映画も身体を張ったいい仕事だった。

その中でも忘れられないのは『スキヤキ・ウエスタン ジャンゴ』だ。

セリフは全編英語で、その頃のいわゆる良い俳優が揃《そろ》っていた。英語での顔合わせ本読みで、キャスト、スタッフの前で三池監督は「K点超え」をみんなに宣言した。Kとは黒澤明監督であり、彼を超えるということだ。

私は今でもある意味でこの映画はK点を超えたと思っている。スゲー！　実際大変な撮影だったが、クエンティン・タランティーノ監督の登場するシーンからこのウエスタン時代劇は始まる。村の入口にある大きな門柱に石橋蓮司さんが吊りさげられているというのがそのストーリーの入口だ。

彼の映画に出た時に『中国の鳥人』のことを聞いた。この映画は、中国の奥地で撮影中に川が氾濫《はんらん》して、日本からの連絡も取れなくなり、スタッフも最少人数になってはぐれてしまっていたとの伝説めいた話を聞いていたので、大変だったのではと聞いた。

「エッ、全然苦労なんて！　だって撮りたくて、ただ撮りたくてカメラ回していたから最高だったよ」

三池監督からは何言ってんのあなた、みたいな返事が返ってきて、凄いなこの人と唖然《あぜん》とした。確かに映画の中には物語と並行して、濁流の様子など中国の奥地がとにかく撮られていて、フランシス・フォード・コッポラが『地獄の黙示録』で、ロケ地のフィリピンが台風でなぎ倒されている実写も挟み込んだ、という逸話を思い出したくらいだった。

2018年11月22日、朝から都内大塚のロケ現場、映画『初恋』の撮影だ。あのがりがりに痩せてオオカミのようだった三池監督、おそらくあれから30年は経っている。周りの共演者もスタッフもあの頃の私たちのように若い。その頃の私は一言、二言の台詞を、彼はその時のワンカット、ワンシーンだけのことを思い、明日のことは少しも考えずにその一瞬の時にかけていた熱い気持ちがあった。

老いた獣が叫ぶように、意味もなくあの頃のようにセリフを吠えてみた。すると、三池監督が苦笑いしている。

「シオミさん、良く見せようとしなくて普通でお願いしますよ……」

同じようなことをあの現場でも言われたような気がして、その過ぎた年月を思い、自分の今立っている場所の奇跡を想った。

今も彼の現場にはスクリプター（記録係）の人はいない。俳優の動きは頭に入っているということだ。アクションも多いので流れを止めたくないのか、カットの繫《つな》ぎに自信があるのか、三池流は健在である。

今の私は、いつも映画はこれが最後かもしれないという気持ちで撮っている。他からいくらオファーがあっても、ヤクザの役はどんな形であろうと『アウトレイジ』で演じた「中田《なかた》」だけで他では演らない。つまり北野武さんへの仁義で断ってきた。だが、今回のオファーは受けることにした。三池さんにはまた逢いたいとの気持ちがあったということだ。

私にとって、映画は監督のものだと思うから、自分からこうしたいということは言わないで、監督のリードのままにまかせるのがスタンスであり、ルールだったが、今回初めてワガママを言った。

「黒い下肢装具、銀の杖、黒の手袋、ピアス、金髪でどう?」

衣裳合わせの時にそう三池監督に言ってみた。演技は以前のようにはできないので、映画の常識を打ち破ってきた男に対し、自分でも今までの私でないものを、ビジュアルで応えたかったのだ。たったの3シーンだけど……ね。

私の提案に首を捻っていた監督だったが、出だしのワンカットのカメラは、装具をつけた足のギクシャクした歩きの後ろ姿から入ってきた。やっぱり三池さんは変わっていないな、狂っているなと嬉しくなって、あの若い時のように私ははしゃいだ。落ち着いた老人役はできるが、三池監督でないとできないことがあった。監督に会うことで得た現役感を感じた一日だった。

「出口はまだだ。もう1本、もう一回逢おう」

撮影終了後、そう彼と約束して別れた。

この映画『初恋』は2020年2月に公開された。世の中は新しい感染症で外出が制限され揺れ動いている中で……。

## 岩井俊二さん　お元気ですかー！

この章で私は病の後に会った人や演った仕事に関してのことを主に書いているが、岩井俊二さんには、もう20年は会ってない。しかし、私にとってその撮影が自由で愉しくて、初めて映画の世界にあった敷居みたいなものを感じずに、「映像の世界に生きていこう」と思えたきっかけをくれた監督だったのだ。

だからといって岩井作品で大きな役を演ったこともないし、一緒の仕事は4本くらいで、ずっと観る側になっている。しかし、やはりその記憶が濃いので思い起こした。

1995年頃、映画『12人の優しい日本人』から、その後もドラマでよく共演するようになった豊川悦司君にある時現場でこう言われた。

「シオミさん、この間『ルナティック・ラヴ』というドラマ撮ったんですが、凄く良い監督なんです」

その監督が岩井俊二さんだった。『ルナティック・ラヴ』のヒロインは中島ひろ子であり、その頃、彼女がNHKで演ったドラマ『雪』に私は出演していた。

大正時代の東北の農村を舞台にしたこのドラマ『雪』は積雪が2、3メートルはあろうかという豪雪地帯でのオールロケだった。フランキー堺、乙羽信子、谷村昌彦、香川照之、中島ひろ子が出演し、私は盲目の津軽三味線《つがるじゃみせん》の名手。

あの頃のNHKのドラマでは、数シーンで三味線を本当に弾くために、キャスティングされてからの1年間、本條秀太郎師匠の元に三味線の稽古《けいこ》に通ったのだった。普通の三味線でなく太棹《ふとざお》の津軽三味線で、本番で何とか弾けたと思うが……。

岩井俊二さんがこのドラマ『雪』を観て、彼の初長編映画『Love Letter』に呼んでくださった。役は「梶《かじ》親父」という山男。いきなり禿のかつら。

私の撮影は小樽《おたる》の雪山の上に建つペンション風の一軒であった。囲炉裏《いろり》を囲んで、ヒロインの中山美穂さんと恋人役の豊川悦司君、彼の友人役である私の3人が、山で命を落とした亡き友人の思い出話をするシーン。カメラは篠田昇さん、照明は中村裕樹さん。リラックスして何度も何度も繰り返して撮っていた。しかもフィルムなので照明などの準備に物凄く時間がかかった。

私が歌った松田聖子の歌『青い珊瑚礁《さんごしょう》』は、ワンシーンで通す度、微妙に歌の調子がズレていたと思うが、誰も何にも言わずにただ撮影を楽しんでいた。

このペンションでの撮影が、翌朝の中山美穂さんのあの名シーン「お元気ですかー、お元気ですかー、私は元気でーす」に繋がる。

後年、あるドラマで韓国の女優さんとご一緒した時のこと。その女優さんに聞かれた。

「『Love Letter』ご存知ですか?」

その方はこの映画の大ファンでと私の前で「お元気ですかー」って演って見せてくれた。あのシーンで「朝から、うるさいよ……」って言ってた俳優は私です、とは言えなかった、言わなかった。その女優さんは韓国ドラマ『冬のソナタ』で日本で大ブレークしていたチェ・ジウ。

彼女のように、あの『Love Letter』の「梶親父」がシオミだと知っている人は日本でも案外少ない。映画のタイトルエンドクレジットロールは英語表記だったからだろうか。映画であんなに髪形、髭など容姿を変えたこともない。「梶親父」は髪の毛が逆立った、煤《すす》だらけの顔、文字通りの火事オヤジだったのだ。

この映画『Love Letter』は、台本が全て絵コンテ台本。何もかもが新しく面白かった。フレンドリーでみんなで創ることを必死に愉しむ人たち。この世界なら私も行ける、なんて思ったものであった。

映画での初期の出逢いが岩井さんであったことは良かったなと思う。

映画『スワロウテイル』では、情報テープが身体に埋め込まれた入れ墨男の役を演じた。その撮影の時、私の前のシーンで赤い紐《ひも》で相手の首を絞めるという、簡単に終わるはずのシーンがずっと押しているので、岩井監督の後ろからモニターをのぞいてみると、なんとテイク20⁉　画面に映し出されているのは首の赤い紐と男の手だけ。ウソだろう⁉

岩井さんも初めは思う画《え》でなかったようで、撮り直しを繰り返していた。なかなかうまくいかずOKを出さないが、10テイクを超えた頃から岩井さんも面白くなってきたのだろう。すると俳優さんもプレッシャーがなくなり、紐の扱い方に工夫ができてきて明らかに面白い画になっていった。俳優さんの扱い方が上手いという話ではなく、岩井さんはそういう人なんだなと思った。

このシーンは、最終的にはテイク30は超えていたと思う。そんな風に岩井さんの現場は時間の概念が飛んでいた。

岩井監督から「一日ください」と言われれば、文字通り朝から、翌日の朝まで24時間拘束されることはみんな覚悟していたと思う。それでも愉しむことができた若い自分であった。

映画『四月物語《しがつものがたり》』。ある日、岩井さんから事務所に電話が入った。

「シオミさん明日の朝、千葉の先の駅に来てくれる？」

少し忙しい時だったが、早朝、ふらりと指定された駅に行った。駅員の衣裳を着せられる。うーんどうやらこの駅の駅員らしい。セリフのメモが渡された。

松たか子さんと挨拶。彼女がこの電車で家族に見送られるシーンか、とプラットホームで振り向いたら、松本幸四郎（現在は白鸚《はくおう》）が父親、実際の母親、弟・市川染五郎（現在は幸四郎）、姉・松本紀保《きお》と本物の家族が揃っていた。

撮影は淡々と終わった。映画のトップシーンに本物の家族を揃えてしまう、そんな岩井さんの遊びの感覚を観客はスーと見てしまうだろうが、現場でいきなり対面した私はちょっと驚いた。松たか子さんとは、それから不思議と全然会わなかった。

岩井さんの仕事では、ムーンライダーズの『毛ぼうし』（ニットキャップマンPV）のショートフィルムも忘れられない。

ムーンライダーズの鈴木慶一さんは『Love Letter』にも出演されている。私は昔からムーンライダーズのファンだったし、なんといってもこの作品は小津安二郎監督へのオマージュなのだ。白黒で少しキズが入ったような画面。タイトルクレジットではドンゴロスの背景に出演者、スタッフの名前が出てくるというように、全てが小津調のこだわり。ムーンライダーズと小津。

ユーモアとペーソスにあふれたこの『ニットキャップマン』は、ホームレスの「フジオさん」を歌ったものだが、俳優・常田《ときた》富士男さんをイメージした楽曲なのだ。フィルムでは、私がそのフジオさん役。鈴木慶一さんが作家、編集者を糸井重里さん、謎《なぞ》の女を樋口可南子さんが演じている。

後年、北野武監督の『アウトレイジ』で音楽を担当された鈴木慶一さんと、『アウトレイジ ビヨンド』の撮影の時に神戸のロケでお会いした。

「シオミさん、12年ぶりですね」

この『毛ぼうし』のことをよく覚えていらして話が通い合った。なにか岩井さんにムーンライダーズの人たちに紛れ込ませてもらい、本物のミュージシャンとステップを踏んだような誇らしい一本だ。この時も岩井さんは「フジオさん」用の歯型まで作り、その扮装《ふんそう》造りは徹底していた。

岩井組といえば、カメラの篠田昇さんも思い出深い。いつもロケ地にはフォルクスワーゲンのミニバスで来ておられた。1960年代に若い時を過ごした私たちの世代にとって、シンボリックなこの車を自分で運転して来られていたのが格好良かった。

篠田さんは、私に映画のカメラとの距離感のことも優しく教えてくださった。2004年に亡くなられた。

俳優が仕事をするのは、役を引き受けるのには色んな要素がある。岩井監督は私に映画の面白さ、愉しさを教えてくれ、映画への門戸を開いてくれた。

## テレビドラマとの交差

### 1

テレビドラマの仕事は、舞台を演りながらポツポツとやっていた。映像の世界は経験が浅く、若い頃の私にとっては随分と心細かった。だが次第に少し大きな役をもらって、長いスパンでの撮影になってくると、落ち着いて役に向き合えるようになってきた。ようするに私には台本と撮影と自分の流れみたいなものをつかむのに時間が必要なのだろう。1話だけのゲストっぽい出方だと何もできない。まあ、パッと一瞬で観ている人を唸《うな》らせるような見せる芸というものがない不器用な俳優なのだ。急《せ》かされて説明的な台詞を言うのは、本当に難しかった。

1987年頃のことだった。赤坂の旧TBS会館の裏手にドラマのリハーサル室があり、そこで大先輩である女優の加藤治子《はるこ》さんに呼び止められ、演出家の久世光彦《くぜてるひこ》さんを紹介された。

「久世さん、この人シオミ君。なかなか良い芝居をするのよ」

久世さんはトレードマークのコンバースのスニーカー、チノパン、薄い色のサングラスといった出《い》で立《た》ちで、「ふーん」と私を無言で眺められただけでその場は別れたが、それからすぐ久世さんから仕事のオファーが来た。

向田邦子さんはすでに不慮の事故で亡くなられていたが、毎年、向田邦子さんを偲び、久世さんは『向田邦子新春シリーズ』としてドラマを1本撮られていた。台本には書家・中川一政氏の字体で『麗子の足』とあった。テレビドラマを演るのなら、久世作品には出たいと思っていたので本当に嬉しかった。

物語の時代背景は第二次世界大戦の戦時下。私の役は田中裕子さん扮するご婦人が、いつも店の前の通りを行き来しているのを温室の中から見て、思い焦がれている花屋の男。彼女の夫は軍人で長く家を空けていた。ある日、彼女が温室の中に入ってきて、どういうわけか片足で立ちながら白い足袋《たび》を脱ぐ。花屋の男には思いもかけないことである。

久世さんからスタジオにマイクを通した声が入る。

「シオミ、そこで泣く！」

「エッ……」

思いもかけなかった。全然泣けない。目の前の田中裕子さんはずっと立っておられる、スタジオは静寂に包まれている……。どのくらい時間が経ったのだろう。周りはなに一つ動かない。私は呆然と立っているだけだった。目に入ってくるのはスタジオに吊られたライトのみ。

「泣けないよ、どうすんだよ……」

焦る気持ちのまま何分か過ぎる、普通はカットがかかり、ＮＧになる状況だった。しかしそのまま時間は経つ。次第にライトの熱と光で目が少し痛くなってくる、痛みからか涙が出てくる。

「そうか、花屋には手の届くことのないあの人が……」

そんな感情が湧いてきて、照りつけるライトによる目の痛みと共にザコッと涙が流れる。私のいたたまれない気持ちも相まって、滝のように涙が出てくる。すると久世さんの声が響く。

「まわせ！　カメラまわせ！」

30代も後半に入ろうという頃、映像の世界に少しは慣れてきていたが、改めてテレビの現場をある角度から知ったあの時のことは忘れない。実際に放送されたドラマを観た時は、目に涙が溜《た》まり、少し流れたところまでを使われていた。「エッ、カメラは涙が出るまえからずっとまわっていたの!?」と驚いた。自分の感情の流れはもちろん大事であるが、演出家のカメラと編集でより良いシーンに変わるのだとも。あの時の私のいたたまれない棒立ちの在り様も撮られていて、まったく違うシーンで挟まれていた。

久世さんとはそれからもご一緒したが、『寺内貫太郎一家《てらうちかんたろういっか》』や『ムー一族』などの久世さん独特のコメディ系のドラマには一度も呼ばれたことはない。いつもシリアスな、というかどこか狂ったような役だった。

「シオミはユーモアがないからな」

なるほど、当たっている。私は今日まで、いつもその言葉を胸に刻んで演ってきた。映画でもドラマでも凄く自分自身が追い込まれた時に共演者とカメラの按配《あんばい》で、偶然に面白いものが撮れたことは数回あったが、自分で仕組んだものは一度もない。演出家、スタッフを信用して、自分を解き放ち預けて演ることを学んだものであった。

NHKでは、やはり名物ディレクターだった和田勉さんの監督作品『ザ・商社』『けものみち』などに出演したことがある。どちらも山崎努さんが主役で硬派な作品。和田さんは、チンピラ俳優の私にもバストアップやアップを多用してくれた。「テレビはアップだ」が持論だったのでアップの和田勉と言われ、その演出は有名だった。ガハハおじさんとも言われていたように、大声で気さくなディレクターだったが私には緊張感いっぱいの現場であった。

この頃から念入りなリハーサルを繰り返すスタジオ収録が多くなり、じっくりと撮影したいその頃の私には合っていたし、次第にテレビの現場は私の日常になってきた。テレビの撮影現場での私は共演者やスタッフさんに、気さくな感じを出したり、相手に出されたりするのも苦手で、相変わらず不器用な佇まいであったように思う。しかし舞台、映画とも違うテレビドラマの持つ、怖さ、難しさがあって、それを私は面白いと思うようになっていった。自分の演ったことをすぐに放映され、またビデオで確認できることも、刺激的で新鮮なメディアと捉えていた。

ドラマではないがコマーシャル（CM）の仕事も色々とやった。大体一日で撮りきるのだが、テイクを重ねてやはり慎重に撮っていく。

「シオミさん何テイクやっても良いですよ。その中で1本使えるものがあればオーケーなんですから」

初めてCM収録でそう言われた時は衝撃的だった、それは確かにそうだ。多くの予算をかけて15秒にかける人たち。そんな現場も面白いと思った。

## 2

NHK朝の連続テレビ小説はこれまでに『甘辛しゃん』、『純情きらり』の2本に出演していた。それぞれ酒と味噌の職人さんの役で最後まで通して演った。私はどうもドラマは長いスパンでの撮影で時間をかけてじっくり役に入り込んでいくようなものが好きなようだった。

2013年、朝の連続テレビ小説『あまちゃん』。私にとって3本目になるこのドラマは収録に1年近くかかった。宮藤官九郎さんの脚本の面白さと、制作統括・訓覇《くるべ》圭氏、チーフ演出・井上剛さんなど番組制作のスタッフ、そして共演者との長い時間をかけた作業を味わい、俳優としてこのドラマを満喫した。

『あまちゃん』は、岩手県の架空の街・北三陸市を舞台に繰り広げられる母娘《おやこ》三代の話。私が演じたのは、「喫茶リアス／スナック梨明日《リアス》」にいつもいて琥珀《こはく》を磨いている通称「琥珀の勉《べん》さん」。店の常連客は面白いキャラクターが揃っていて、それを演じた俳優さんたちも個性的な方々だった。

スタジオに作られた「喫茶リアス」のセットでは、台本3、4ページ分の収録も、一度合わせただけですぐに一発本番でオーケーが出た。それも収録前にスタジオの前室でフラッとみんなが集まり、誰彼ともなく「やらない？」の声掛けで、台詞を確認し、流れを確かめ合うような一体感のあるチームだった。だけどベタついた仲良しではない。みんなプロの俳優さんで芝居の時は凄い集中力を持っていた。気持ちの良い仲間たちだった。私はみんなのことを忘れない。

このドラマのロケ地は、2011年の東日本大震災で被災された岩手県久慈市《くじ》だった。撮影の合間に地元の人たちは被災当時のことや現状を話してくださった。私はただ話を聞くことしかできなかったので、励ますつもりがいつも元気を貰っていた。

私が撮影の合間に入り浸っていた喫茶店「モカ」は先年の洪水でも被災された。マスターの樋沢《ひざわ》さんは同い年でもあり励ましあった。今でも久慈の人との交流がある。

2020年3月20日、よくロケで使った三陸鉄道リアス線が全線開通したとの明るいニュースが入った。地元の人たちの一つの思いが叶ったことが嬉しい。「モカ」のご夫婦、駅員さん、ウニ弁のおばさん、観光協会の女子事務員さん、駅舎、のん（能年玲奈）さんと一緒に琥珀を掘った洞窟《どうくつ》の中、目を閉じると全てを想い出せる。

この年大変な人気となった『あまちゃん』は、大晦日の『NHK紅白歌合戦』にも出演した。NHKホールの横のスタジオに再び「喫茶リアス／スナック梨明日」のセットを建て芝居をやった。それを生放送で『紅白』に差し込み、その後すぐにNHKホールへ移動して『紅白』のステージに立ち、「喫茶リアス」のみんなで劇中歌を歌った。朝ドラと同じ長さ、きっちり15分間。大変な荒技だったが、約1年間を共にしたみんなは、半年ぶりに集結したのにもかかわらず息が合って、楽しみながらこなしていた。本当に素敵な仲間たちだった。

3

こうして、幾つものドラマに出演してきたが、どの作品も面白かった。その時代と自分の年齢に合わせて、一緒に演りたいと願った人は私をドラマに誘ってくださって、共に良い仕事をすることができた。

そんな中、テレビドラマも自分の俳優のキャリアの中で年をとったなりの最も質量共に良い状態を迎えた。映画を基本にしてはいたが、テレビドラマもＮＨＫをはじめ、民放各社からも素敵なオファーが続き、やり甲斐《がい》のある仕事が来ていた。それが、２０１４年に思いもかけず私は倒れ、身体に不具合が残った。大きな絶望を感じていた。

しかし、２０１５年12月25日、病から2年弱で私はカメラの前に立てた。

ＮＨＫドラマ東日本大震災5年目復興への願いを込めたドラマ『恋の三陸　列車コンで行こう！』で岩手県大船渡の港での撮影ロケに参加した。この本の第1章「私の病との闘い」の「或る日突然に日常を絶たれた人たち」で書いたドラマである。制作・山本敏彦氏、演出・一木正恵さん、このドラマでの歩きが文字通り私の再度の出発点であった。

ドラマの本筋とは全然関係なく私の歩きのワンシーンが差し込まれた。この時、これが私の復活のドラマと聞いて、ワンシーンでも、台詞がなくてもと言って、私の娘役を買ってでてくれたのが松岡茉優《まつおかまゆ》さん。その頃、彼女は二十歳前後であったろうが忙しいはずの年末の一日を遠い大船渡まで来てくれた。

彼女とはそれまで仕事で、二度一緒になったが話もあまりしなかった位だったので私はビックリし、そして感謝した。スケジュールを合わせるのも大変だったろう。私のおぼつかない歩きを見守りながら大きな声で「お父さん！　イチニ、イチニ！」と叫び続けてくれた。現場のみんなが支えてくれたおかげで、自分は被災された人たちに想いを寄せて懸命に歩けたのだと思う。

あの撮影からもう何年も経ったが、あの時の歩きをイメージしてフルスピードで歩こうとするのだが、もうできない。どこか無意識の中で安全を考えてブレーキがかかっているのだろう、あの時の祈りにも似た思い切った歩きは一度っきりのものであったのだ。復活への壮絶な第一歩であった。

翌2016年早々に、桜木紫乃さんの原作で朝日放送ABC創立65周年記念ドラマ『氷の轍』の撮影があり、北海道釧路でのロケに行った。何度も映画でご一緒した監督の瀧本智行さんが誘ってくれたのだ。

病院の一室で横になっての芝居で、身体には負担はなかったが娘役の柴咲コウさんとの台詞のやり取りは緊張しながらもなんとかできた。また、このドラマで余貴美子《よきみこ》さん、宮本信子さんと再会できた。ロケの撮影現場で出逢った時の余さんの涙、現場ではすれ違いだった宮本さんの励ましの手紙は忘れない。

そして、その夏には北野武監督の映画が控えていたので、この身体で撮影に臨むために自分なりの準備をした。

2017年、TBSで10月から放送が始まった連続ドラマ『コウノドリ』第2シリーズの2話分のオファーが来た。東京で医師をしている星野源君の父親で、石川県の輪島に住む産婦人科医の役。父子二人の会話のやり取り……。相手が星野君で、娘役の相楽樹《さがらいつき》さんとの基本は家族三人、命についての話。監督は土井裕泰さん。シノプシス（あらすじ）を読んで、この役なら土井監督のリードでみんなの力を借りれば……

と参加の旨を伝えた。3ヶ月に及んだ北野武監督との『アウトレイジ 最終章』の撮影から1年経っていた。

何年ぶりかでTBS緑山《みどりやま》スタジオに衣裳合わせに行った。土井監督に会うのも何年ぶりか、私は少し緊張していた。それはそうだろう、思うように動かない身体で普通のお父さんの役なのだ。私の状態をどこで確認されたのだろうか。しかし、監督を始め、スタッフ全員であくまでも普通に温かく受け入れてくれた。

11月のある晴れた日、千葉県流山市にある民家を借りての撮影。現場は連ドラにもかかわらず、ゆったりと穏やかな空気を作ってくれている。息子役である星野源君と台詞のやり取りを交わす。

「えっ！ 台詞のやり取りってこんなに愉しく、面白い作業だったのか……」

ちょっとした説明も彼に話していると自分でも驚くほどリアルに演れている。

「愉しい、面白い、健常な時にもこんな感じはなかったぞ」

撮影中の3日間、ずっとこの気持ちは変わらなかった。テレビドラマでの自然な台詞のやり取りへの門戸を再度開いてくれた。今もあの時の気持ちは覚えている。私はそれまで劇というか役には対峙するものだと思ってきたが、このドラマでもっと柔らかく劇というものに包まれていく感覚を知ったのである。素敵なドラマで、素敵な人と役との出逢いであった。

思い返すと、どうしても病気後のドラマの話になってしまう。若い時から、倒れるまで多くの記憶に残るドラマがあるが、病気をしてから出演したドラマが心身共にスレスレの状態だっただけにここに記した。

そして、この期間に先の映画でこの年の「ヨコハマ映画祭」の助演男優賞が決まった。

映画の授賞式が終わり、色んな媒体からのインタビューも受けた。記憶に残るものは篠山紀信さんのカメラだ。仲良くしていた女優で、モデル、エッセイストでもある菊池亜希子さんが誘ってくれたのだ。

代々木の喫茶店で巨匠のカメラの前に立った。杖をついて挨拶すると、巨匠は笑っていて、フラットな方だった。すぐにレフ板が用意されて、パチリ！　あっという間に撮影は終わり、菊池さんと三人でコーヒーを飲み談笑して、終了。三人での談笑中、私が「傷ついたものは美しい」と言ったら巨匠は喜ばれて、この写真のキャプションに使われていた。

掲載された雑誌の誌面を見ると、椅子に座る菊池さんとその後ろに立つ私の姿、壁にかかった絵画、手に持つコーヒーカップ。その全てに焦点が当たっていて、こんな不思議な写真は見たことがなかった。巨匠のバリアフリーでフラットな人当たり。スピードと完成度。まばたきの間での撮影。この人の前では、男も女もみんな一瞬で心を開くだろうと思った。

4

そして、2018年5月には、『コウノドリ』を監督していた土井さんが7月から始まるTBSの連続ドラマ『この世界の片隅に』に誘ってくれた。漫画が原作で、アニメーションで評判になっていた作品だ。脚本は岡田惠和《よしかず》氏で私は井戸端の隅に佇む老人の役。そんな役あったかな？　と思ったがもちろんない。原作にないオリジナルの役を書き下ろしてくださるという話を聞いて、胸がいっぱいになり感謝した。出番は一話につきワンシーンだけであったが、連続ドラマに復帰できたのが嬉しかった。

衣裳合わせのため緑山スタジオに行った。ディレクター土井裕泰さん、吉田健さん、プロデューサーの佐野亜裕美さん。みんな温かく迎え入れてくれた。この老人の衣裳は笠智衆《りゅうちしゅう》さんをモデルにした着物姿、カンカン帽子まで用意してくれていた。無口な老人の役だったのでほとんど無言でいたあの3ヶ月の夏の日々。猛暑の中での撮影でスタッフさんのバックアップにも感謝した。私の頭の中に老人の役が初めてリアルに入ってきた。老いの厳しさと優しさみたいなものがドラマを通して少し身についた気がした。

緑山スタジオの空き地に広島県呉《くれ》の街がオープンセットとして再現され、私はその幻の街の井戸端に座り、戦時の夏空、広島に落ちたきのこ雲、出征する若者を見送り、敗戦の玉音放送も聞いた。黙って終日そこにいた故に、今もあの景色と俳優さんたちの熱い演技は忘れない。私の最後のシーンは、戦地から帰ってきた孫に「お帰り」と言う場面だった。カットの声がかかっても、役の感情も相まって涙が止まらず、監督の土井さんに「ただいま」と言って握手を交わし、この夏の3ヶ月を過ごした幻の街の片隅を後にした。台風の多い夏であった。

映画『駅までの道をおしえて』と『初恋』という2本の撮影が続いた。映画『駅までの道をおしえて』では同じく老人の役で孫とのやり取りが印象的だった。8歳の孫

（新津《にいつ》ちせさん）と縁側で二人、ジッと庭の花壇の花を見ているシーンで私の左手の甲のアップに孫の小さな手が重なるカットが入った。麻痺して動かないこの左手が病を発症して初めて大きな役割を果たしてくれた。左手が良く演ってくれたと思い、私は嬉しくて、不憫《ふびん》な左手を優しく撫《な》でてやった。

秋が深まった頃、ＮＨＫ大河ドラマ『いだてん〜東京オリムピック噺〜』の話が来た。宮藤官九郎さんのオリジナル台本『いだてん』は既に発表されていた。が、まだ初回放送も始まっていない時期で、第28回目に出演し、放送は約半年後というオファーだった。制作統括は訓覇圭チーフ、演出は井上剛さん、西村武五郎さん、桑野智宏さん。メイクの馬場五大さん。あの朝ドラ『あまちゃん』のスタッフ製作陣だった。そして演出の一木正恵さん。彼女は3年前、初めてカメラの前に復活した大船渡での歩きを見届けてくれた人だ。

その年の暮れの衣裳合わせではやはりみんなに逢えた感慨があった。そしてリハーサル、本番と続いた。出番は犬養毅《いぬかいつよし》役の私、高橋是清《これきよ》役の萩原健一さん、主役の田畑政治《まさじ》役の阿部サダヲさんの三人であった。

本番の日、カメラ替えの待ち時間、アンバーを基調とした深い照明の中、一緒に出番を待つ私の前では「グループ魂」として音楽活動もしている阿部さんが萩原さんにロックの話をふって、二人でロックの話で会話が弾み和んでいた。

『いだてん』におけるドラマの萩原健一さんの在り方は凄く心に残っている。萩原さんとの台詞のやり取りは一言二言だったが、ドライ、ランスルーとリハーサルを重ねていたのに、いざ本番を迎えた時に萩原さんからクレームが入った。

「今の犬養さんのセリフの間合いだと、自分は受けきれない」

「えーっ、冗談じゃないぞ！」

昨日のリハーサルからもう何回もそのまま演ってきている。

「マジかよー！」

一瞬私はムッとしたが、ここは犬養毅が初登場するシーンで、犬養の紹介カット気味のカメラアングルなので、セリフを言う前に演出技術上、ワンアクション入れないといけない。そのまま演ると私は萩原さんに被ってしまうので、もしかしたら本番で私は気持ち一瞬おいて引っ張ったのかもと思った。それで今度はその気持ちの分だけ間を少し早めて演った。カットがかかると、

「グッド！　シオミさん」

と言われて、萩原さんは私に向けて満面の笑みで親指を立てている。この人は何て人なんだと思い、自分の世界に入り込む人なんだとその一連の言動に私は驚きながらも苦笑いで応えた。結局、私の登場のワンカットのアップを単独で追加撮影した。そして、小さなそんなことが、萩原さん、いや、あの「ショーケン」に出逢ったということなのだなと納得もしたのだった。嫌な気持ちはなかった。「ショーケン」らしさに出くわしたのだ。

翌２０１９年春に萩原さんは亡くなられた。あれだけ数々の名作ドラマを作ってこられた萩原さんだが、おそらくあの日が彼にとって俳優として最後の撮影だったと思う。私たちの放送は7月に入ってからだった。萩原さんはオンエアをご覧になっていないが、演じられた高橋是清にはきっと満足なさったと思う。素晴らしかった。ご冥《めい》福《ふく》を祈る……。

私はほぼ彼とは同じ世代だ。こんな身体になったが、引き受けたドラマには魂を込めて良い仕事をすることを改めて思った。あとどのぐらい記憶に残るドラマに出られるか、人に出逢えるかを思わずにはいられない。萩原健一さん、「ショーケン」との一瞬の交差だった。

私はその年の5月に残りのシーンを撮りきった。桑野智宏君の演出だった。最後のカットシーンで、犬養が最後に吸うタバコに桑野君が静かにそばに来てくれ火を直接つけてくれたのは覚えている。「カット」の声が掛かり、訓覇チーフプロデューサー、演出の井上さん、西村武《たけ》ちゃん、そして一木さんがスタジオのセットの中までわざわざ来てくれて見守っていてくれたのがわかり嬉しかった、胸にこみ上げるものがあった。なぜか彼らにはわざと乱暴な軽口を叩いて、またみんなと逢えることを心の中で祈り、願って別れた。

宮藤官九郎さんは、この大河ドラマで魅力的な人間群像を完全なオリジナル脚本で書かれ、全ての出演者は与えられた役で人間が人生を力いっぱい生きる様を演じ、スタッフは全員が力を振り絞って1年を走り続けた。見事な大河ドラマであり、日本の近代、オリンピック史話だったと思う。出演されていた多くの俳優さんたちが全て魅力的であった奇跡のテレビドラマであった。私はただただこのドラマに間に合って良かったと思う宰相・犬養毅の役であった。

## 5

2020年3月、NHK土曜ドラマ『天使にリクエストを～人生最後の願い～』の打ち合わせ、衣裳合わせにNHKに行く。

この日は気温が極端に下がり雪の舞う日であった。しかしこの後、新しい感染症で大変な事態になっていき4月の収録は延期になった。脚本は良いし、このドラマのことが書ければ良いなと思っていた。そして、再々延期になっていたが、緊張感の中、6月の半ばからクランクインして7月末まで撮影を行った。本番まではフェイスシールドにマスクを付けるなど撮影現場では感染症対策を万全にとっていた。

このドラマで、脚本家の大森寿美男《おおもりすみお》さんが書かれた私の役の男は、私自身と全く同じ年齢で、あの激しかった1970年代に若い時を過ごしていた。しかも今は脳梗塞《のうこうそく》を患っていて人生の最後を迎えているという設定で書かれていれた。

ドラマというものが、人間が生きることの最も鮮烈で濃縮されたものだとしたら……。私は思い切って自分の歩きも含めて、現在の状態の全てをさらした。一つひとつの動きと表情が役へのアプローチに繋がることを信じてチャレンジした。スタッフも、キャストの皆さんも、そのことを受け入れてくれた。動作も台詞も私から発するものには全て意味を考えて愚直に演じた。それはスピード感を求められる現代と逆行するものなのかもしれないが、今の私にはその少しズレたまどろっこしさが、演っていて老人の独りよがりなのであろうが、愉しいものであったのだ。

私はテレビドラマでも「ありきたりでないもの」にカーブを切り、新しい世界に向かわなければならないと気持ちを引き締めた。新しい感染症の中でのこのドラマは、私に多くのことを教えてくれた。

NHK土曜ドラマ『天使にリクエストを～人生最後の願い～』作・大森寿美男、制作統括・陸田《むつだ》元一、訓覇圭。演出・片岡敬司、田中諭。

そして11月、東日本大震災から10年目になる2021年に向け、復興に繋がるドラマの話が来た。2021年2月にNHK Eテレで放送される『ハルカの光』。脚本・矢島弘一、プロデューサー・長澤佳也、制作統括・樋口俊一、川崎直子、演出・松原弘志。あの大船渡で自分自身の復活も重ねて祈った、病の後初めてカメラの前に立って歩いた復興5年目のドラマ。あの日から5年が経ったのだ。

私はこの5年間の精神的、身体的な成果を心を込めてこの『ハルカの光』に注ぎこむことを誓った。ドラマは名作の照明を軸に、「灯《あか》り」と共に生きる人間の姿を描いている。私の「ヒカリ」は何処にあるのか、と探してきた居場所が此処にもあった。黒島結菜《くろしまゆいな》さん、古舘寛治《ふるたちかんじ》さん、渡辺大知《だいち》君たちと同じ船に乗っている感覚があり、一人で懸命に漕《こ》いでいた舟ではなく、温かく乗船を許してくれたみんなで目的地を目指す。震災復興と再生にふさわしい、穏やかで全ての話がチェーンのように繋がる、応援歌としての素敵なドラマであった。

6

テレビドラマというものは私にとって、同じ船に乗り込んだみんなが気持ちを合わせて、一つの灯り、寄港地、目的地に向かうものなのだと思う。短期の船路《ふなじ》、長期の航海、これまで私も色んな船に乗ってきた。その中で出逢ったスタッフクルー、キャストの人たちと、様々な寄港地、目的地へ気持ちを一緒にして向かい素晴らしい景色を観てきた。

私と交差したテレビドラマは宝物として残り、俳優を演り続けてきた自分の成長の記録でもある。目を閉じて想うと、色んなドラマのシーンが鮮やかに思い出されるものなのである。あとどれくらい、どんな船に乗れるかを思う……。そして今、私はその船を、物語を静かに待っている。

# 第5章
# 夕暮れ時が一番好きだ
## 気持ちが良いのは少し寂しいくらいの時でもある

大川（隅田川）の夕景

## 私の『病牀《びょうしょう》　六尺《ろくしゃく》』

眼下に大川「隅田川」をいつも見ている。私の退院に合わせて妻が部屋を洋式に変えてくれて、窓側に新しくソファを置いた。私はいつもこの位置に座り、かれこれ7年が経った。

永代橋《えいたいばし》の方からこちらまで、川はふたくねりしてまるで生きている大蛇のように、あともう少しで長い旅を終えるとばかりに、ユックリと海へ向かう。時折小さなタグボートが荷物を積んだ大きな平らな台船を喘《あえ》ぐようにひっぱり東京湾に向かって進む。その景色は眺めているマンションの上層階からはまるで絵に描いたように止まっていて、マッチ棒のようにスカイツリーが遠くに見える。そして夏になると多くの屋形船が出てくるが、夜の川は真っ黒でその屋形船が灯《とも》す明かりは、まるでホタルのように行き交う。

静かな都会の隅田川ならではの景色を見ながら、いつの間に私はこんなところに追いやられ、追い詰められたのだろうと思いながらも、仕事として年に数本の撮影に出掛け、毎日リハビリのために1時間ぐらい散歩する。それ以外はずっとここに座り続けている。本を読み、手紙を、そして日記を書く。思考し、うたた寝もし、音楽を聴き、旧《ふる》い映画を観る。

退院後1年ぐらいはなかなか落ち着かなかったが、7年前に買ったクリーム色の絨《じゅう》毯《たん》は同じ場所に座り続けているせいで、私の足を置いている所だけが黒ずんでいる。その黒いシミには私の7年の悦び、哀しみ、辛さ、絶望、希望……その全てが染み込んでいるのだろう。

この1メートル四方の席が私の『病牀六尺』なのである。

「生きていて良かった……」

もしも、あの時に逝っていたら……、私はきっと「私ではない人生」であったろうと思う。

いつ死んでもいいとまでは思ってはいなかったが、それ相応にその時々を精一杯生きてきた身の丈を知った66歳までの月日であった。しかし病を得て、こうして命を繋ぎ、そこからの7年間の生の軌跡には、それまでの過去の健全な時とはまるで違う世界が横たわっていた。

生き残った時間は壮絶であったが、また心の奥深く芯まで温まる時間でもあった。運を天に任せるということも知った。甘酸っぱい期待、欲望の振幅、愛憎の深さ、人に寄せる信頼の大切さ。絶望と希望、時間の長短、自分を信じること、仕事のこと、価値観。全てが突き刺さるように実感が伴った。言い訳、弁解、素直な気持ち、憎しみ。右脳が壊れたために、回りくどくならない直接的な物言い、行動が際立ってきたのだと思う。

ずっと元気でいて、健康のまま年を取り、周りに迷惑をかけることもなく逝くのが良いという人たちが大半であろう。苦しまなくて、死を意識しないで良いのだという。当然の気持ちであろうが、思いもよらず病や不幸なことに出くわし、人生が中断し、もう一度生き直すことになった人間にとって、再生の道は以前のようにはいかなくて苦しむ。

そして、その限りある命を知り、その命を愛しみながらも同時に数ヶ月でも、何年かでも己の死を思い、対峙する。メメント・モリ（死を思う）は人生の終わりに凄く大切なものなのかもしれない、と思えるようになった。健康な時に思う「死」のように観念的なものでなくて、常に生と死は隣合わせにあり、これから行く未来への緊張感は何をするにも真に生きているという実感であったのだ。

また、少しぐらいは周りに迷惑もかけ、人の助けを借りることも良いのではないかという気になった。自分勝手な我儘《わがまま》な話であるが、人の世話、力を借りなければどうしようもないことを経験すると、今度は逆に役に立ちたい、人の力になりたいと思う。そして人に何もしてあげられないことの無念さを痛烈に思うようになったのである。そのどうしようもない無力感は徐々に仕事としての撮影の日々、表現を通して薄らいでいった。

私がこの身体で演ることで、人を力づけられたという反応が少しあり、出演本数は以前に比べると極端に少なくなったが、私は自分のやってきた仕事を通して、また何とか生きることができる。そのことがたまらなく嬉しいものであったのだ。

少しのズレで神様は生死を振り分けられたのか、病、事故、災害などで生き残った者たちは、少しハンデを抱えて生きていく。その過程は過酷なものであるが、私は人の力を借りたことで、この世における価値観みたいなものが変わってきたのであろう。自分の思いの濃淡がはっきりして、濃いものに直感的に気持ちを寄せていき、70歳を超えて恥ずかしいが、改めて真面目に正直に生きようと思うようになってきたのである。心に、身体にダメージを受けた者、生き残った私たちはタフに二度目の人生に立ち向かうのである。立ち向かわなくてはならないのだ、最期まで……。

このソファの席に座ってそんなことを考え、思っていると外は見事な夕暮れ時になっている。その光景のなか、私は立ち上がり窓を開けて空気を入れ換えて、また「生きていて良かった……」と呟くのだった。

しかし当然ながら、こうして狭い小さな「病牀六尺の世界」に閉じ籠《こ》もっていても、やはり世間の動きやニュースも伝わってくる。それは私なりに情報として、またノイズ（騒音）としてふり分けてもいる。

そして、たまにはテレビドラマも観ている。やはりテレビでドラマを観るのは辛かったというのが本音だろう。私は小心者なのだ。仲間たちみんなの活躍している姿を見るのが悔しかったのであろう。

しかし私はそこに、この身体をもって、その映画、テレビの現場に戻ろうとしているのだった。それ故に、一つの心構えとして思ったこと、考えたりしたこと、自分の暮らしのこと、身近な生活のことなどを正岡子規《まさおかしき》に倣って記そうと思う。

## 役に近づく

ある役を演じる時、その役に縁のある場所に行ったり、その職業の人に密着して、体感することで俳優は役に迫る。そのことは、概《おおむ》ね是とされている。

私が病院に入院して5ヶ月間リハビリをやっていた時のこと。そこは周りを池や樹木で囲まれていて、2階のエレベーターホールを中心に左側が回復期リハビリテーションの病棟で、私たち身体に不具合がある人たちが二十人ぐらいいた。右側は心臓疾患、透析患者の病棟で、同じぐらいの人数が入院していた。ナースステーションもそれぞれにあり、お互いの患者が行き来することはなかった。

同じ階に、庭に面して憩う面会用の大きなデイルームがあった。ある日、透析患者の一人が名のある大学の演劇関係の教授のようで、彼を見舞いに来た二十歳くらいの、五〜六人の生徒さんたちに、隣の病棟は身体が不具合の人たちだから、その動きをよく見て勉強しなさい、とでも諭したのであろう。私がデイルームに車椅子で入って行ったら、私のリハビリ仲間たちを見て、部屋の隅で、そのぎこちない身体の動きを真似《まね》て、みんなでそのリアルさを競い合っている。演劇のため、役作りのためと信じているのか、若い彼らは全然悪気なく、真剣にやっている。折角来たのだからよく観察して行きなさいと教えられたのか、屈託がない。

それを見て、その光景に私は驚き心臓が締め付けられた。

怒鳴りつけてやろうかと思ったが、これは彼らに言ってもわからんだろうと思い、デイルームを出てナースステーションに行った。看護師さんに「どこの部屋の人なのか？　あの見舞いに来ている若者たちの大学教授の患者さんは」と言ったが当然の如く個人情報は教えてもらえなかった。

私は自分の部屋に帰り、この不快な胸の高鳴りを落ち着かせた。そしてもしかしたら……と思った。あの俳優の卵さんたちは演技に生かすための見本として勉強していた。一番上手い者が中心になって。

「違う形であれ、俳優としての私は近い形でその一人だったのだとしたら……」

そう思うとぞっとした。俳優はそんなことを自慢しないで、そんなリアルでなく、想像力で作りこむ鍛錬をしなければと思った、いやビックリした。俳優の肉薄の役作りとしては電車の運転とか、大工さんに技術の教えを請うこと、自分の体重の増減くらいで止《や》めないと。深刻な病やその類《たぐい》のことは、相手の人が取材を受け入れたとしても踏みとどまるべきである。デリケートな問題なのだなと思った。

入院中、心身とも最悪の状態のなかで、こんなことを思い、行動していた私は、俳優という仕事が自分で思っていたよりも身体に染み付いたものであったのだろう。

私は今、一つのドラマや映画の中で本当の身障者（私なのだが）と俳優が交じりあってバリアフリーな作品が作れたら素敵だなと思う。これからの私が俳優としてトライしていく使命はそこに、そのような場にあるのだとも思い、そんな世界がくることを望んでいるのだった。生きている内にそんな世界がくるかな、間に合うかなとも。

退院してから見るテレビの画面の中で、素晴らしい空気感にあふれたドラマや映画に出くわすことがある。思うように出演できなくなった私は羨ましくて、嫉妬の感情すら感じて、そのドラマ、映画を堪能するのだった。

## 新型感染症について

2020年秋。今、これを書いている時期、世の中は新しい感染症の影響を受け、普通の日常生活を送ることに支障をきたしている。私が障害を持ったこの6年間は、ただ普通の生活を送るのには懸命の力を注がねばならなかった。大げさでなく、「何となく生きる」なんてことは一つの夢でもあった。

昨今の感染症への大騒ぎの中で、私は世間で使われている「普通の生活」「新しい生活」という言葉に自分とのズレを感じた。私には普通の生活を手に入れるには、一刻一刻を過ごすにも大変な気力と体力が必要なのである。死に物狂い、それが私の普通だったのだ。そのことを改めて気づかされ、その私の懸命さを少し哀しくも思うが、この狭い空間の中で「普通の生活のようなもの」を精一杯生きようとするのである。その中でも同時に私は自分の身体を考えている。何とか少しでも早くこの感染症が収まり、この感染症と共に生きて行くなんてことなく、通常の状態が戻ることを祈るばかりである。

ここまで書いていたのだが、感染症は収まることなく広がり続け、年が明けた2021年。私たちは未《いま》だに右往左往している。退院以来ずっと支えてくださっていた訪問看護の療法士のお二人にも一旦中断してもらった。正直言って寂しいものであった。その分一人で、マンションの廊下を何周も廻ってリハビリを重ねている。そんなことしかできることはない。私にとっては二重の自粛生活である。不要不急の外出とはなんだろう。電話やメールだけのやり取り。一度、妻にセットして貰って顔がわかるオンライン会議というものに挑んでみた。用件の確認には支障はなく、話が長い癖のある私にはかえって簡潔になったのではとも思ったが、やはり私は仕事がらなのか相手の人と直接向かい合って、余分なというか、余白の呼吸の中でその真意みたいなものを感じとる人間なのであろう。これは私にとって恒常化するものではないように思えた。

しかし……。やはりこの感染症による閉塞《へいそく》状態には対応していくしかないので、自分の内面のメンタルは通常よりも強いものにしなくてはとつくづく思う。取り繕い、隠されていたものが現れ、新しい時代が来ることは間違いないのであろう。しかしどんな時代になっても、人々が友好的に集い、何処にでも自由に行き交うことのできる世界になることを祈るばかりである。

『病牀六尺』という言葉は「血を吐くように鳴く、ホトトギス」の正岡子規の著書タイトルから使わせてもらった。子規の壮絶さと生死への客観性は人間の何たるかを感じさせてくれる。

ここからは私の小さな『病牀六尺』から出て、街と人を眺めた心に残る二つの景色から自分の過去と未来を照らしてみようと思う。

## 復活への「居場所」というもの

2019年3月末。私は外来で4年間通っていたHリハビリテーション病院を医療制度の基準変更で退所しなければならなくなった。

一年中いつの季節も、午後のこの時間になると、ガラス張りのこの場所には陽光が射し込み穏やかであるが、初台にあるここは普通の場所ではない。

この場所には、ここにいる人間たちの「失意と希望」が、強い思いとなって直接的に放射されているのだ。歓《よろこ》びと諦観《ていかん》。色んな形で身体の機能を損傷した人たちが、元の日常を、生活を、尊厳を取り戻すために闘っているのだ。思うように動けない、思い通りに言葉が出ない苛立《いらだ》ちと、昨日より進歩したと喜ぶ周りの家族たち。

4年間、私自身のリハビリも初台のこの場所でやった。映画やドラマの撮影がある時はその役に合わせて、身体の準備もリハビリの療法士さんと共にシミュレーションした。そうやって自分の小さな可能性を信じて生きていこうとした場所である。

最後の日。毎週ここで顔を合わせて、自分たちなりのリハビリのやり方を互いに教えあった人や、1階のロビーで喫茶を一緒に愉しんだ人たち、今日を最後にもう二度と会わないであろう人たちに挨拶をした。

その日のリハビリは軽めにして、私はベッドに横になり、作業療法士さんに硬くなった左半身の筋肉をほぐしてもらっていた。そこに掛け声が聞こえた。

「レディー、ガガ！」

いつもの母子だ。私は療法士さんに頼んで作業を中断してもらい、身体を起こしてベッドに腰掛けてその声の主のほうを見た。

「レディー、ガガ！」

フロアに声が響く。車椅子から必死に立ち上がろうとする若い彼にいつも付き添っておられるお母さんが掛け声をかけているのである。もちろん「レディー、ゴウ！」の意味だ。

この母子の奮闘は4年の間見てきた。初めてこの母子に会った時、彼は車椅子にただ深く身を沈めているだけのようだった。そして今、私の前を通る彼は大きな装具を両脚につけて、リハビリ療法士さんに抱えられながらも力強く歩いている。何やら母にしかわからないような冗談を言い返して二人で笑いあっている。あれから4年経ったのだ……。凄い！

「レディー、ガガ！」

あの壮絶な母子の状態で、こんなユーモアのある言葉を発して子供を励ます母がいるだろうか。暖かい陽射しの中、自身のどしゃ降りの気持ちの中でも前を向きながら頑張っている。

この果てしないリハビリをやりながら、声を掛けあった仲間たちのこれからの幸運を祈り、私がこれからも突き当たるに違いない壁を前にした時、この日を思い出し、少し笑い、「レディー、ガガ！」と心に叫びたい。

ここに来ている人たちは皆、身体の何処かに不具合がありながら社会の中で生活している。現実の中で闘いながら、週に1、2回、少しでも良くなることを願ってこの場所に来ているのだ。だから、同じ傷ついた仲間たちが居るこの空間だけは、世の中の現実と切り離された、ある意味で、善意に満ちた「オアシス」であり、当の本人はもちろん、その付き添う家族も互いに悩みを打ち明けて、精神的なストレスをも和らげている特別な場所なのだった。

みんな笑顔で優しい人たちだったが、それだけに正直言って本音のところは悔しかったろうなと思う。その果てのない不条理の悔しさは個々の深く沈んだところにあり、他の誰にもわからないとも思うからだ。しかし、いつも明るく陽が差し込むここは、厳しくも温かく、癒《いや》しと励ましの場所であったことは間違いない。

私はそのままリハビリを中断してベッドに腰掛けて、リハビリするみんなの歩き、動きを見ていた。私を含めてその歩きと動きは、ありきたりでない不器用なダンスを踊っているようにも思われた。午後の逆光の中でそのシルエットが眩《まぶ》しく綺麗だったことを覚えている、そんな最後の日だった。駅までの道をここであった4年間の出来事などを振り返り話しながら、妻と二人でユックリと歩いた。傷ついたり、災難に遭いもう一度現実に向き合う時、たった一人で孤立しないで同じ苦しみを持つ人たちとただ話し、互いに励まし合い、慰め合う、そして立ち上がる「場所」は本当に必要なものである。私は助けられたのだ。生きようとする人たちのこの場所に。

## バスに乗る

朝起きる、そして長い一日が始まる、その一日は健常であった日々に比べて圧倒的に長い一日である。何から何まで、この身体と気持ちには初めて経験するようなことばかりに出会う。上手く切り抜けられることもあるし、人の助けを借りながら、まるで冒険のような一日を送る。この冒険は結果を求めるものでなく、その過程や経過が大事なものなのである。そして、その都度、この冒険の日々、私の目に映るものは新鮮で色彩を帯び美しい。

やはり「生きていて良かった」、この一言が今の本当の気持ちであり、全てである。

私は健常の時からバスに乗るのが好きだった。自分で運転する車よりも少し高い座席に座って、刻々と街の様子が変わっていくのを眺めているのが楽しいのだ。

退院して1年経ったくらいで、やっと家の近くにある停留所から都バスに乗れるようになった。満席の時は1台やり過ごしたりしながら妻と一緒に乗る。バスに乗る、ただそれだけのことで、リハビリを経て何かを「獲得した」と感じられるのだ。

バスの終点であるビッグサイトの館内を行き来して歩きのリハビリをする。少し疲れると外のベンチでコーヒーを飲み半日を過ごし、またバスに乗って帰る行程だ。以前は何かといえば国内外を旅行していたが、今はこの半日の「バス旅行」で充分である。

このバスが走るコースは、隅田川を越えて豊洲《とよす》のあたりから景色が以前とガラッと変わる。私はバスの車窓からこの光景を見ると、オートバイでほとんど同じ道を走っていた当時の自分とその時に見た景色を思い出さずにはいられない。30代の頃だ。

成城《せいじょう》の東宝撮影所の前にオートバイ屋さんがあり、撮影で東宝に行くたびに寄っていた。大型バイクの免許を取り、都内を走るには、初心者には扱い易《やす》いヤマハの250を買った。少しチョッパー型のハンドルにして、遅かりし『イージー・ライダー』であった。この映画の監督でもあり俳優のデニス・ホッパーが好きだったのだ。

1980年代の初め頃、「夢の島」と呼ばれていたゴミの島をよく走った。晴海《はるみ》通りを銀座方面から来て、晴海の今はなき「ホテル浦島」で行き止まる。左折して越中島方面の裏側から抜けてしばらく走るともう臭いがきつく、一息ついているとハエが五月蠅《うるさ》かった。東京の海が見たくて、目指していたのはその頃できたばかりの船の科学館と有明埠頭。まだビニールなどの切れ端が舞うゴミの中を野犬が走っているようなところであった。本当に何もなかった。

今、こうして都バスに乗っていると、新しい高層ビル群が立ち並ぶ中に、あの頃のバイクで走って見た夢の島の荒野を思い出す。そして私は退院してから6ヶ月間の後遺症との闘いを消えてしまった景色の中に見る。

退院後、家に戻った私は落ち着きをなくし自分の不具合を嘆いた。長い入院で人に頼るという病人の癖がついていたのであろう、卑屈な目をして大きな声を出しながら家中を犬のようにうろうろ動き回っていた。

私は私でないことも知った。人間は恐ろしい生き物であり、自分で思っているよりもずっと弱いものであった。この人はこんなにみっともない人ではなかったと、妻もうろたえていたろうと思う。用事もないのに外に出たがり、タクシーでデパートの屋上庭園などに連れて行かれると、私は急に静かになり、虚《うつ》ろな目をしてベンチに座っていた。

この時期は二つのことが一緒にはできなかった。信じられないことだろうが、一つのことに集中しすぎると緊張が高まり、歩きながら話すということも難しかった。身体の不具合はもちろんだが、脳の一部を傷つけたため、退院後しばらくは精神的にも後遺症が出ると医者も遠回しに言っていたのだ。少し緊張したり身体に力が入ると、頭の中で血管がプチプチと切れて出血するのではとの強迫観念がふとよぎったりしたものであった。

この半年はいかにして正気を保つかであった。現実社会の中での生活の仕方が、日常の送り方が日々の時間の使い方がわからなくなり、迷路に入って取り残された異物でもあった半年であり、私にはたった一人の荒野であった。

走り続けるバスの車窓に次々と現れるのはあくまでもクリーンな公園、高層ビル群、オリンピックのための新しいスポーツ施設、快適な風景だ。みんなの記憶から忘れ去られたかのような、あの「夢の島」と名付けられたあたりが懐かしい。

しかし、あの景色はいつまでもあの状態であって良いわけはない、とも思うのだ。30代の私がバイクで走っていたあの時のあの場所は、今日へ至る首都・東京の一瞬の姿であったのだろう。私はその東京の一瞬の姿を、自分の苦しい半年に重ね合わせてみる。そして、変貌《へんぼう》していくものにある苦さと未来を思った。あの半年間に見た景色は私の一瞬の荒野でもあったのだ。

退院してこの世からはじきだされて取り残され、もがき苦しみ、自分に向かって喚《わめ》き散らしていたあの時期に自分の内面に見た、歪んで荒れた景色。そして私の記憶に取り残された夢の島も、いつまでもあのままにしていいわけはない。

この世からはじきだされた一瞬、災害などで瓦礫《がれき》の街と化した土地。

元どおりにはならないが綺麗に整備される前の姿が垣間見《かいまみ》せる一瞬の素顔と真実。

病の後遺症で退院後半年間に現れた私のあられもない素顔。

あの時の自分の取り乱した日々は忘れない。あれは本当の私ではないとしたら、私というものはいったい何だろう、とも思う。そのことを受け入れて、次第に落ち着きを取り戻してきたのは何故だろう。

それはやっぱり時間を経たということ。そして、やってもやってもリハビリの成果は上がらないが、しかし怠けると一気に身体能力は確実に落ちる。懸命のリハビリはより良くなっていくというより、ただただ現状維持、身体能力をキープしているに過ぎないことが徐々にわかってきたからだ。私は確実に老いていっているのだった。

老いは限りがないこと、と同時に生には限りがあること。

死というものが観念的なものでなく、自分の身体に入り込んでくる。意識して自分の身体の中に、その老いと死というものを恐る恐るながらも受け入れた時から、私は、病から気を紛らわし、逃げまわり、病による弱気から抜け出して、自分となんとか真正面から向き合えるようになったのである。そして私は思い切って1年、シンプルに自分の身体と気持ちだけ見つめて、社会というものと切り離して心身のリハビリに徹した。しかしそれはそれで怖くて勇気のいることだった。

そして2年目になると、その静かな生活の中に外の世界から、熱さが伝わるサポートと誘いがあり、私はユックリと整然とカメラの前に立てる精神力が備わってきた。歩きながら話して、その間に覚えた台詞をはさんだりして、一つひとつ私は自分を取り戻すことに傾注した。外見はちょっと足が不具合の人だなと思われているかもしれないが、どんなに今を取り繕っても私は取り乱したあの半年を忘れられはしない。引っ搔《か》いた傷のかさぶたは、かえって今を生きるための大事な処方だったとさえ思えるのである。

病の後、初めてバスに乗れるようになって5年が経つ。いつもと同じ終点まで30~40分。今日も晴れている。外の景色はもう建設中の所はなく人の気配はまだ少ないが完成された街である。バスのスピードと行く方向で、太陽の光がビルに跳ね返り何とも言えない人工的な風景を醸し出している。

窓外のプリズムのような景色の変貌を見ながら、生きて目に映るものは全てのものが美しく、またそれで良いのだと思い、それ故にバスの景色を愉しむ私自身は以前と何も変わっていないことを知るのだった。震災や台風などで壊された街、景色も元には戻らないが、そこに人が住む限りは新しい形で息をする体温のある街になるであろう、バスの狭い席の背もたれに身を預けながら、私はそんなことを思っていた。

# 第6章
# 静寂と修羅
## 北野武監督
## 生き残るということ

『アウトレイジ最終章』（北野武監督）における、
三つの映画祭での主演・助演賞のトロフィー

## 『アウトレイジ ビヨンド』北野武監督との出会い

1998年の2月、私は少し長い休みをとり、フランスのパリに行った。シャルル・ド・ゴール空港からサン・ドニのサッカー場を左手に見てパリ市内に入ると、車の窓からずっと映画の看板が続くのが見えた。北野武フィルム『HANA－BI』のポスターである。初めてのパリ。ヨーロッパで北野監督の作品が人気があるのは知っていたが、これ程までと驚いた。

私がその人に会ったのは、2004年公開の崔洋一《さいよういち》監督の映画『血と骨』で、俳優ビートたけしさんとしてであった。

調布の先の空き地にオープンセットが建てられていて、私は2階の物干し場にいるビートたけしさんに向かって「金を返せ！」と怒鳴りまくっていた。

北野監督は映画『アウトレイジ ビヨンド』の撮影時にその時のことを言われた。

「あのシーンはよく覚えてるよ。今回はシオミさんのこと頭にあったんだ」

もう10年近く前のあのシーンを覚えていてくださったのだと嬉しく思った。

2012年の年明けに調布にある日活撮影所に映画『アウトレイジ ビヨンド』のキャストが集められた。

前年の東日本大震災の影響で撮影が中止になり、1年撮影が延びていた。その当日、1年前の台本に書かれていたキャストは一人として欠けることなく集合していた。スターの人たちが多かったが全員が1年間撮影を待ち、スケジュールを合わせたということである。この世界ではまずあり得ないことだった。

山王会、花菱会、警察のメインキャストを前にして北野監督は言われた。

「皆さん、1年待っていてくださり有難う……」

この一言で解散。それだけで充分だった。私たちそれぞれがどういう気持ちでこの1年を過ごしたのかが思われ、震災のこと、これからクランクインする映画の緊張感が皆に伝わった。

その少し前に私の衣裳合わせで監督は3着のスーツをすぐに決め、帰ろうとして部屋を出ようとした私に、スーッと寄ってこられた。

「シオミさん、丸刈りにしてくれるかな……」

それだけを言われ、監督は私の返事も待たずにその場を去っていかれた。


そして、その年の4月、神戸で「大阪・花菱会本部」のロケが始まった。

花菱会は関西最大の暴力団組織である。そこに山王会幹部と刑事が訪ねてくるシーン。神山繁、西田敏行、中尾彬、小日向文世、私、でカメラが回った。北野監督はジャンパー姿でポケットに手を入れて、北野組のカメラの柳島克己さん、照明の高屋齋さんにボソッと指示をされている。その姿が格好良かったな。

初日の撮影は午後2時に終わったが、この日は台風の影響で外は大雨。文字どおりアウトレイジな日だった。新幹線が止まっていたので西田さんと新神戸から大阪までタクシーで行き、東京に一旦《いったん》戻った。

二度目の神戸は、花菱会の布施会長役の神山さん、幹部である二人、若頭・西野役の西田さんと、若頭補佐・中田役の私が、いよいよ大友を演じるビートたけし、木村役の中野英雄を対面に迎える。

物凄い静寂と高揚。北野監督に相手の大友に向けて銃を構える距離感だけを指示される。カメラは正面に据えられ、西田さんから私にパーンしながらワンシーン・ワンカットで、すぐに本番！　今でもあの時間は忘れない。

撮影後、着替えてホテルに帰ろうとしたら、西田さんのマネージャーさんが、西田が待ってます、と私を呼びに来た。

「シオミチャン、これから甲子園球場行こ！　阪神戦。まだ3時だし」

えっ！　西田さんからの突拍子もないお誘い。その日の交流戦、対する日本ハムの投手は吉川光夫だったのを覚えている。

何故か私の中で、北野監督の『アウトレイジ ビヨンド』のあの威嚇シーンと同時に、西田のアニキと甲子園球場に行ったことが忘れられない。現実にも大阪の組での兄弟同士、これは有りかもね、と思った。

映画『アウトレイジ ビヨンド』封切の前の週に、TBSの番組『ぴったんこカン・カン』の出演依頼が来た。私はバラエティ番組は初めてだったが、安住紳一郎アナと一緒に『アウトレイジ』の即興劇をやった。この番組で北野監督とはまた違う、バラエティにおけるビートたけしさんと会えた素敵な思い出である。

色んな景色を見せてくださったが、私は劇中での台詞のやり取り以外では北野さんと話したことがほとんどない。北野組は今では数少ないフィルムでの撮影で、全てが本番一発勝負NGなしの世界であり、俳優もスタッフも私語などもなく、撮影中は経験したことのない静けさで撮られていく。私はこの静けさと緊張感が好きだった。それまでの北野組は知らないが、撮影期間に監督が俳優たちと飲んだり、食事をすることは一切なくて、映画の打ち上げもない。ここで、この時期に北野武監督と逢えた。私は映画俳優としての幸運を思った。

映画『アウトレイジ ビヨンド』はその年の秋に封切られた。

北野監督とはこの4年後にも私の人生の中でも強烈に胸に焼き付けられる出逢いを果たすことになる。

## 『ビヨンド』から『最終章』までの間 「立ち上がる」

2014年春に私は倒れた。深刻な症状であり、ちょっと俳優は無理かなとも思っていたが、幸いにも神様は私に「声」を残してくれた。そして「言葉」を。以前と同じ声ではないが会話はできた。

リハビリ病院に入院してすぐのことだった。ある民放局のプロデューサーのIさんよりドラマのオファーがあった。その年の10月から始まる秋の連続ドラマで、しかも信頼している大好きな脚本家の作品。その時はいくら何でも5ヶ月先の話だし、それまでには身体も良くなり出演できると思っていた。

そのオファーにすがるように、それをテコにして、私はリハビリ療法士の「まだ歩くのは早いですよ」の言葉を振り切り、車椅子を放し強引に立ち上がった。そして真剣に猛烈なリハビリに取り組んだ。

しかし夏が過ぎ、退院の時期が迫ってきても、私はカメラの前に立つことができる状態ではなかった。私は出演することができなかった台本を抱えて、Iさんに会った。私の話を聞きながら彼女は泣いてくれた。私も悔しくて、唯一の望みがなくなり絶望したが、俳優としての私を待ってくれている人、泣いてくれる人がいるのだと実感した。その時はきっと何時かまた必ず……と誓った。

私の5ヶ月に及ぶ病院での気迫のリハビリを支えてくれた、この私にとって幻になったドラマには感謝している。あのオファーがなければ、私は失意の感情に任せたままに、車椅子の生活が当分続いたろうと思う。退院しドラマを降りたけれども、私が生きて現れることを喜んでくれる人がいることを信じて自暴自棄にならず、退院後も自宅のテーブルで、できなかった台本を静かに声を出して読んでいる私を見て、妻は以前の私に戻ったようだと泣いていた。そんな過酷な日々だったのだ。ギリギリまで出演の返事を延ばし、迷惑をかけたプロデューサーIさんには直接にお礼の一言もまだ言えていない。

そこからは仕事のことを一切忘れてリハビリに集中した。

翌2015年もリハビリに専念していたが、夏が過ぎる頃二つのオファーが来た。両方ともテレビドラマで、どちらも冬場の地方ロケであるが基本一日だけの仕事で、短期間の撮影であれば、少しずつ戻ってきた集中力と気力でできると思いこのオファーを自らの復帰として受けることにした。

## 『アウトレイジ 最終章』への誘い

そしてドラマ撮影の準備をしていた秋口に、北野武監督からのオファーが来た。

まさか！ その頃には倒れた後、次々に来ていた映画のオファーを断り続けていたので、私が脳出血で倒れたことはすでに業界には知れ渡っていたと思う。そのオファーの連絡を受けた時の私の気持ち、突き上げてきた感情、それを今思い出して書こうとしても言葉がみつからない。

私はキャスティングプロデューサーYさんと日比谷・帝国ホテル1階のロビーにあるカフェで会った。

「北野監督が『アウトレイジ ビヨンド』の続編を撮られます。ついては前作同様『花菱会の中田』の役をシオミさんに続投して欲しいとのことです。来年7月頃クランクインの予定です」

その時点では復帰作となるテレビドラマ2本の撮影は年末であり、病を公表したNHKの『あさイチ』のプレミアムトークにはまだ出演しておらず、私の身体の状態を誰も知ることはできない時であった。

「何を根拠に私を信じてくださったのか……」

と思いながらも、私は「宜しくお願いします」と返事をした。

そして、私の不具合な姿を監督に見てもらうため、杖をついてホテルのロビーを歩き、Yさんはそれを動画で撮影した。また、Yさんと話している時も会話を録音されていたので、私の声も確認されたと思う。後は北野監督が決められることである。

その時はいくらなんでも、私の演じる「花菱の中田」の役はすぐに殺される展開になるだろうな、と勝手に思っていた。だとすればなんとか役割は果たせるかなとも。ワンシーン、ワンカットでも北野監督に映画で逢えることが嬉しかったのである。

翌2016年が明けて2本のドラマ撮影も無事に終わり、『アウトレイジ 最終章』の第1稿の台本が届いた。30シーンは超える大変なシーン出番数だった。驚いた私は、また猛烈な歩きと発声のリハビリを開始した。付け焼き刃なのはわかっているが、この魅力的な脚本に応えるためには最大限の準備をしないといけない。まだ出演は正式には決定していないけれども、この身体で、これだけのシーンを演じきることができるだろうか、私自身も周囲も不安を持つのは当然である。しかし、私は不安よりも北野監督と一緒に映画の世界に戻れる喜びの方が大きかった。

そして6月、東宝撮影所にて衣裳合わせ。ただこの身体を北野監督に見てもらうという私の勝手な思いのまま杖をつき部屋に入った。4年ぶりに目を合わせる所まで来た。

「こんな身体になりました……」

しかし監督は何も聞こえなかったように平然としていた。

「うん……。それじゃシオミさん、ヨロシクね」

何も聞かれないのである。鳥肌が立った……。私は黙って礼をして踵《きびす》を返し、足を引きずりながらも何故か精一杯胸をはった。それがその場での最高の嬉しさの照り返しだったのだろう。部屋を出て衣裳を着るが、前作で着た3着のスーツは痩せた私にはブカブカだった。

私はこの映画に出ることができるのだ。衣裳合わせに出るということは、俳優が参加しますという意思と、監督のＯＫが示されるということだ。この映画を私の最後の闘いにする気迫はあった。自分の心の中で身体のことを何も聞かれない北野監督と約束をした。

「下手な芝居でもいいが、インチキな気持ちの芝居はしないこと」

そして映画は興行である。この1本には色んな形で多くの人々が関わっている。普通、少しでも不安の要素があればキャスティングは避けられるのが当然だし、しかもこの作品での私の役割は大きい。少なくとも撮影期間は2ヶ月はかかる。クランクインして私の姿が一度でもフィルムに撮られたら、もう病はおろか死ぬことも許されないのが映画の仕事だ。何があっても無事に撮り切ることを誓った。

事務所の佐藤さんとそのことをお互いに確認し、彼女に支え仕切ってもらい撮影現場（千葉、宇都宮、神戸、都内各所、東宝撮影所等）に立たせてもらった。

映画のクランクインは料亭シーンから始まった。西田敏行さん演じる「西野のアニキ」との二人。

西田さんもこの年の4月に頸椎《けいつい》亜脱臼《あだつきゅう》の大手術を受けた後である。前作『アウトレ

イジ　ビヨンド』では出演された他のほとんどの人たちが劇中で死んでいる。映画の中で何故か生き残った二人は、この現実の4年の間に死線をお互いに乗り越えてきた。あぐらをかいてアニキと向かいあった。

「シオミさん、サングラスかけるかい？」

北野監督から声がかかる。

「はい……」

用意されたサングラスをかけた。するといきなり目の前のテーブルの上に置かれた料理や、床の間、そして西田さんの「西野のアニキ」の顔……。目に映る全ての物、人の顔の色が消え、薄暗闇の世界が広がる。サングラスを通して歪《ゆが》んだアウトローの世界が迫ってくる。白黒フィルムのようだ。

監督独特の静かな声で「スタート……」がかかる。

いきなり西田さんの「西野のアニキ」の凄いテンション、緩急のついた演技。受ける私にはもうそれが台詞なのかアドリブなのかわからない。もう一度西田さんの顔を見直す、西野のアニキが確かにそこにいる。

「よし！　来るなら来いやアニキ！」

私の身体全体に気力が満ちてきた。しかし私中田はそのアニキの台詞を何故か静かに受けとめた。このシーンの最後は私の左後方からカメラがレールの上を動いてきて私の横で止まり、西田さんのアップで終わる。私の左横にあるカメラのジージージーというフィルムの回る音を聞きながら、映画に戻ってきたことを実感し、死んでもいいくらいの悦びであった。

この初日の撮影から、ラストの神戸の埠頭で眺めた夜の海まで、2ヶ月半に亘《わた》ってこのサングラスを通して見た世界は、私が現実の私自身である「塩見三省」から逃げて、役の「花菱の中田」になり代わった、取り憑《つ》かれた姿である。できればもう「カット」の声がかからずこのまま虚の世界であって欲しい、そこにいたいと思った。

あのサングラスが装置となり、映画という虚構の世界に私を完全に誘い込んでくれた。あんな芝居や佇まいはもう二度とできないだろう。撮影中の私の頭の中にはボンヤリと記号らしき台詞があり、他には何もない状態なのである、ただ在る……。

怖いもの知らずで敵対する者に怒鳴り散らしていた前作『アウトレイジ ビヨンド』と違い、組織の中でヤクザが、そしてこの私自身がこの世の中で生きたいと、生き残ることを思った。そのことを思い、考えだした時、立ち位置の怖さと弱さ、目に映る暗闇と死との対峙《たいじ》、塩見と中田。何がなんでも生き残ること。その「虚」と「実」を北野監督がフィルムに映し出してくださった。

最後のシーンで監督の「カット」がかかり、私はなによりも、この身体で無事に映画との約束は果たしたことにホッとしていた。劇中ずっとかけていたサングラスを外すと、今まで白黒だったアウトローの世界に彩りが戻ってきた。この撮影期間の2ヶ月半、この夏は猛烈な暑さが続いていたが、私にとっては何故か静謐で背中はヒンヤリと感じるくらいの空気も動かない夏であった。それが私の『アウトレイジ 最終章』だった。

その年の暮れにスタッフ、キャストのためだけの0号試写があったが、落ち着かずまともに観ることはできなかった。スクリーンに映る私の顔は黒メガネの奥で笑っている顔が泣いているように思え、音だけが入ってきた。帰りに西田敏行さんと握手したのだけはよく覚えている。

2017年秋、『アウトレイジ 最終章』は封切され、映画館に行って再度この映画を見返すと、私の命のようなものも見え隠れしていた。

この映画はヤクザ映画として、エンターテインメントとしての大きな形、装いをとりながら構造が二重、三重になっていて、作品としては男たちの欲望の映画なんだなと思った。だから、北野監督はビートたけしが演じた大友に、あの最後のシーンで終わらせたかったのかもしれない。

「……いいよもう、みんな……」

そう言って引き金をひいたのかもと思い泣けた。

現実のこの私の病による半身不随の身体も、やはり私自身がこの世で何者かになろうとした欲望の行き着くところであったのだろう。


この映画で私は、日本の数あるヤクザ映画の中で唯一、ナイーブではあるが、ヤクザ組織の中で死なずに「何が何でも生き残る」ことを願う男であった。いわゆるヤクザ映画の男になれない漢《おとこ》を演じたのである。

私は映画の時、俳優としてやはり自分の地というものと役との間にはプロとしての距離を保っていつも挑んでいる。しかしこの『アウトレイジ 最終章』においては、

「虚」と「実」が常に交わっていた。もちろんその良し悪しは観る人に委《ゆだ》ねられるものであるが、私の生死みたいなものが当然映されているのではないかと思う。今までも、これからも二度とないであろう、フレームの中での在り様であった。

撮影中はともかくフィルムが回っている時のことしか覚えていないのである。本来なら俳優としても他にやらなければならないこと、色々なことがあった筈《はず》である。私の見えないところでバックアップ体制がきちっと取られていたと思う。

## 受賞のこと

その年の冬、望外にも「ヨコハマ映画祭」で助演男優賞を頂いた。

「ヨコハマ映画祭」は日本で唯一スポンサーの付かない、映画ファンと評論家が選ぶメジャーな映画祭である。映画に関わる俳優、監督、製作者にとって特別な映画祭としてある。

会場で私の名前が呼ばれゆっくりとセンターマイクのある所まで歩く。杖をついてゆっくりと。温かい拍手の中、あの衣裳合わせの日から2年弱、この身体をここまで、この場まで連れてきてくださった北野監督と支えてくれた人たち、そしてそれをたぐりよせた私の運を思った。

「此処に立たせてくれた北野監督とスタッフ、そして映画の神様に感謝しています」

受賞のスピーチではそう言うのが精一杯だった。岸本加世子さんと井上真央さんにお祝いとして頂いたネクタイを締めて、客席には事務所の岸部一徳さん、岸本さん、そしてマネージャーの佐藤さん。友人そして横浜に住む義母と義妹。老いた義母には私がこの年になって倒れたことで大きな心配と不安をかけた。少しは喜んでもらえたかもしれない。温かい会場の拍手に送られて舞台の袖に引っ込むと妻が笑って立っていた。

賞を頂くということはもちろん自分の悦びであるのだが、また、周りで励まし助けてくださった人たちと喜びをわかち合うものでもあるのだと思った。

そして、北野監督が選ぶ「東京スポーツ映画大賞」で西田敏行さんと主演男優賞を頂いた。開催されたホテルの壇上で北野監督は私の前で、

「もう、シオミさんは、左手足ブランブランでさ……」

と、私の身体の不具合をマネて壇上で突っ込んでこられた。その晒され感が心地よくて、やっぱりスゲーな北野さんはと思った。会場の客席の全ての皆さんは笑えないだろうけれど、私はここで笑わなくてはと、ぎこちなくほんの少し笑うことができた。この不具合な身体を、自分自身を、客観視して笑うことができた。

そして北野さん独特の照れたような投げやりの口調で「おめでとう」の言葉と共に、主演男優賞の賞状、トロフィー、賞金を手渡しでくださった。

これからも、その身体で頑張ってくれよ、との強烈な最大の励ましと叱咤《しった》と優しさだと思っている。自分の撮影のオールアップで監督に花束を貰った時も、この二つの映画賞の時も泣くことはなかった。

北野武さんはいつもそのようなことはフッと避けられた。あくまでも「シオミさんならできるよ、当然だよ」みたいな態度を、あの衣裳合わせの時の「……ヨロシクね」と言われた時から崩されなかった。私はそれだけに深いところで胸に来るものがあった。修羅場をくぐってこられた北野さんの肝なのだろうか、これからも、色んな意味でその度に「シオミさんは強い気持ちを持たないとね」と言われているようであった。

私はこれからオファーのある限り、この身体と老いに向き合い、仕事が映画を通して何かと教えてくれるのだとしたら、俳優として人間として現実と虚構の世界に向き合って行こうと思う。最期までアクセルを踏み続けて演って行こう、いや、行かねばならないと思った、この日であった。

同時代に同世代として、映画の世界で交差し「北野武監督」と出逢えた。映画の隅っこにいた俳優としてこの上ない幸福で無上の歓《よろこ》びである。

あの日々からもう3年が経つ。映画もドラマも人に出逢うことを基本に、少しずつ慎重に演ってきた。その度に深い崖《がけ》下に落っこちた私を、映画という縁《えん》で引っ張り上げてくれたあの人のことを思い出す。この今の世の中で半身不随となった私をあれだけの分量の役で2ヶ月に亘って使おうと決断する人が果たしているだろうか。それがあの人の秘めた本物の修羅というものなのかとも思う。しかしあの人が私を信じてくださった気持ちは、同時に私自身の支えとなり、自信にもなっているのだなとフッと思うのである。

自分には誇れるものは何もないが、「人に出逢う力」だけは持っているのだろう。

私はこの7年の間、人との縁に助けられてここまで来た。しかしそれは私が諦めずに逢いたい人に会う、その縁みたいなものを強く望んでいたからかもしれない。だとすればこれから踏み出すところは、私の思いが深く強ければ、その行く道は荒地ばかりではないと思うのである。

# 後書きとして

## 傷つき、苦しむものに天使は寄り添う

私は二つのドラマ（劇）を生きているようだ。

一つは仕事としてのドラマ。もう一つは現世日常を生きる大きなドラマである。前者はその都度、始まりと終わりを迎えるが後者のドラマは果てしがない、その日が来るまでエンドレスの生を続ける。

病気をしてからの私は、仕事で撮影している時以外の膨大な時間のコントロールが難しくなった。そこで自分の気持ちをはぐらかすように、寝る前の30分くらい現実を忘れて、あれこれと懐かしい日々や人々など、過去のことを想うようにした。そして次の日にそれを断片的にメモを取るように書き連ねた。

しかし、自分を客観的に見つめてこうしたものを書けるようになったのは発症して4、5年経ってからである。私にはやはりそれだけの時間が必要だったのだ。そこに

は妻の晴子がいなければ、おそらく生きても来れなかったと思う。

この7年は二人にとって確かに辛く苦しいものではあったが、生きることはなんだと自らを問い詰め、毎日を「懸命に生きている実感」があった。健康であった当時、日々をこんなにも泣き笑い、真剣にものを考えて生きていただろうか。以前は健康ではあったが私の生命の力みたいなものは意外とボンヤリとしていて、すり減り、弱っていたのではないだろうか。こうして本を書くということがなければ気づくこともなかったろう。


懇意にしてくださっている作家・髙田郁《たかだかおる》さんの紹介で、角川春樹事務所の編集者・岡濱信之氏に出会い、私の思いを信じてくださり、氏のリードによって書き下ろしのエッセイとして書籍化されることになった。お二人には感謝しかない。そして、この本を素敵に包むことを許してくださった、画家のささめやゆき様ありがとうございました。装丁デザインの池田進吾様ありがとうございました。またお忙しい中、推薦文を寄せてくださった星野源様ありがとうございました。

生活の中での苦しみ、哀しみ、そして悦びという生の感情を書くということで自分を見つめ直し、私の伝えたいものとして纏《まと》められた。

映像表現としての劇を繰り返すことは残り少なく、もう少しで終わるのかもしれないが、この世の劇はまだまだ続けなくてはならない。これからも人生は続くが、発症してから7年が経った私は70歳を超えた。もう後戻りしたり、物事を効率的にやったり、近道を選んだりはできない。あくまでも愚直に真っ直ぐに行くことしかない。

私は、ある日突然、日常を絶たれた人たちの側の者として彼らと共に生きていることを意識しながら書いてきたつもりである。そして、自分は一人ではないという実感が陽の光が射し込む場所へ導くのだ、と信じている。ただ半分の脳が書かせているため、景色、人々、雑観など、楽しんで貰おうと思っている項目もどこか歪んでいる。この私のリアルが面白いなと思って読んでくださるのが一番の幸いである。

2021年5月

塩見三省

# 解説　アカペラ

高田　郁

二〇一四年、二月三日。

立春を翌日に控えながら、京都太秦は厳しい冷え込みに見舞われていました。

その日、足の悪い老母を伴い、松竹撮影所にご挨拶に伺いました。スタジオ内では
ＮＨＫ木曜時代劇『銀二貫』の撮影が進んでおり、そのロケ現場に、彼は居ました。

井川屋《いかわや》の屋号入りの半纏《はんてん》を纏った彼は、江戸時代の寒天問屋の番頭、善次郎《ぜんじろう》そのものでした。

プロデューサーのＹさんに引き合わせて頂いた時、初対面の彼に、老母は懐かしそうに呼びかけました。

「お父さん」

当時、母は八十六歳。その母から突然「お父さん」と呼ばれて、六十代の彼はさぞや困惑したことでしょう。

Yさんが、にこやかに、

「髙田さんのお祖父《じい》さんは『井川善次郎』と仰《おつしや》います。こちらのお母さまは、その善次郎さんの娘さんにあたられるんですよ」

と、伝えてくださいました。

私の祖父、井川善次郎は、まだ三十代の若さで幼子を残して急逝しています。拙著『銀二貫』はフィクションですし、登場人物に祖父の名を借りましたが、モデルにしたわけではありません。しかし、母にしてみれば、目の前の彼が、早世した父親に重なって仕方がなかったのでしょう。

「ああ、それで」

事情を知って、彼はその大きな手を老母の小さな肩に置き、そっと抱き寄せて、一緒に写真に納まってくれました。

薄れていく父親の記憶を、眼の前に現れた役者さんで埋めようとする母。その想いを酌み、応じてくださった彼の優しさ温かさが、胸に沁《し》みました。

彼の名は、塩見三省。

これが三省さんと私の最初の出会いでした。

三省さんに善次郎を演じて頂いた『銀二貫』は、同年四月から六月にかけて放送されました。ドラマは素晴らしい出来ばえで、原作者として幸せを嚙《か》み締めました。本編によれば、三省さんが倒れたのは三月十九日、そして放送の期間、まだ入院中だったとのこと。けれど当時の私は、三省さんに何があったのか、全く知らなかったのです。

その頃、五年続いた「みをつくし料理帖」シリーズを完結したあとの、新たなシリーズを立ち上げる準備をしていました。私には「手がけたい」と思う題材がありました。江戸時代中期の呉服商で繰り広げられる、商いの物語。主人公は、そこに女衆《おなごし》として奉公する幸《さち》という名の少女です。

物語の骨組みを考える時、私はスケッチブックに向かい、鉛筆で登場人物を大まかに描きます。拙《つたな》い絵ですが、どんな輪郭、どんな眼、どんな口もと、とあれこれ試して、人物像を創り上げるのです。いずれの作品の登場人物たちも、スケッチから生まれました。

ところが、新シリーズのプロットを練っていた時に、とても不思議なことが起こります。

物語の舞台となる商家の番頭さんが、三省さんのイメージで浮かんで、どうしても消えない。頭の中で、三省さんの姿で物語が進行していく——漫画原作の時代を入れれば、二十年以上も創作を生業《なりわい》にしていますが、そんな経験は初めてでした。

一体、どういうことだろうか。『銀二貫』での三省さんの印象が強かったのは確かだけれど、と自分でも訝《いぶか》しく思いつつ、拳《こぶし》を握った幸のイラストの隣りに、「番頭は三省さんのイメージで」と書き記しました。この頃も、私はまだ、三省さんの身に起きたことを知る術《すべ》を持たなかったのです。

晩秋に、『銀二貫』でお世話になったプロデューサーのYさんと再会しました。その時に初めて、三省さんの闘病を知るに至ります。

かつて、交通事故に遭って中心性脊髄《せきずい》損傷と診断され、リハビリを続けた経験が私にはありました。闘病で辛い最中《さなか》に、周囲に何を望むかは、本当にひとそれぞれです。慰めや励ましを欲するひとも居れば、適度に距離を置いて温かな無関心を通してほしい、と願うひとも居ます。自身が後者だったことを思い、「今はただ静かにしていよう」と決めました。

そののち、以前に出版したエッセイに『銀二貫』のロケでの思い出などを書き加えたものが新装版として刊行されることになりました。どうしようか悩みましたが、短いメッセージを添えて、本をYさんに託し、三省さんに届けてもらうことにしました。

暫くして、三省さんからお手紙を頂きました。弱々しい筆跡で丁寧に認《したた》められた手紙の最後に、連絡先が記されていました。

三省さんと私との交流は、ここからおずおずと始まったのです。二〇一四年十二月のことでした。

初めのうちは半年に一、二度。その後、少し回数を増やして、私たちはゆっくりとしたペースで手紙やメールを交わすようになりました。

実生活では、三省さんは試練の真っ只中《ただなか》にありました。本編の一文に、「絶え間のないこの肉体的な痺れと苦痛が、私の生きていく気力と精神力をじわじわと萎えさせる」とあります。今さらながら、三省さんの辿る道程の険しさを思います。一方で私もまた、網膜と黄斑《おうはん》に異常が見つかり、ままならぬ視野に怯《おび》える日々でした。

しかし、私たちの間で交わされるのは、苦難を分かち合う、というよりも、相手とその家族を想い合う、何とも呑気《のんき》で優しい内容の遣《や》り取《と》りでした。サングラスをかけて、アウトレイジを気取った母の写真を添付ファイルで送れば、三省さんから「バッチリです。可愛《かわい》格好いい」と返信を受け取る、という具合に。

この間、私は「あきない世傳《せいでん》　金と銀」という新シリーズをスタートさせ、書き進めていました。登場人物のひとり、五鈴屋《いすずや》の番頭の治兵衛《じへえ》を描く時、ずっと三省さんを念頭に置いていています。作中で、「卒中風《そっちゅうふう》」を患った治兵衛が、少しずつ、少しずつ、難儀しつつも日常を取り戻していく姿を、三省さんに重ねました。

二〇一五年の冬、三省さんがＮＨＫの『恋の三陸　列車コンで行こう！』のオファーを受けた、と伺いました。

極寒の季節のロケです。大丈夫かなぁ、と気を揉んでいたところ、クリスマスの夜に、撮影を終えた三省さんからメールが届きます。無事に遣り遂げたことへの安堵、それに役者として大きなものを得た喜びが、行間に滲《にじ》みます。私にとって、何よりのクリスマスの贈り物でした。

本編に、この撮影時のことが詳細に記されています。当時、三省さんが何を想い、どう感じたか、その場に立ち会えたようで、改めて胸が一杯になります。

二〇一六年二月に三省さんがＮＨＫの『あさイチ』に出演された、その十日ほどあとのことです。私は都内で開かれるトーク＆サイン会のために上京中でした。前夜に観た『恋の三陸　列車コンで行こう！』の第二回放送の感想をメールで送りました。すると、三省さんから「ご迷惑でなければ、トークショーを隅っこで聞かせてください」との返信がありました。

何かあっては、と迷いつつ、角川春樹事務所の担当編集者に連絡を入れました。三省さんと私の交流を知るのは、家族のほかは、Ｙさんとその編集者だけです。彼は即座に、

「三省さんに僕の携帯電話の番号を知らせて、『どうぞ安心していらしてください』とお伝えください。何の心配もないよう、全力でお迎えします」

と、応じてくれました。

書店さんも協力してくださり、他のお客さまの眼に触れることなく、三省さんは奥さまとともに、エレベーターを使って控室のある階に現れました。

細く長い廊下を、杖を支えに三省さんが歩いてきます。強張《こわば》った表情で、ゆっくり、一歩、また一歩。私は迎えに行くことをせず、控室のドアを開けて、ただじっと待ちました。

三省さんと向かい合った時、

「ハグしても良いですか?」

と、尋ねました。

三省さんの顔が綻《ほころ》びます。最初はそっと、そして少し力を込めてぎゅっと。『銀二貫』のロケから、二年ぶりの再会でした。

トークショーの会場には、書店さんや関係者の皆さんの心遣いで、一番後ろに三省さんご夫妻の席が用意されました。

書店員さんと私とのコントのような遣り取りを、ご夫婦はとても楽しんでおられるようでした。おふたりの姿が、治兵衛とその女房お染《そめ》に重なって見えてなりませんでした。

二〇一七年、二〇一八年と、映画やドラマでの印象に残る演技で、三省さんは見事に復帰を果たされます。その陰に横たわる、本人の弛《たゆ》まぬ努力と奥さまのサポートに思いを馳《は》せます。特に二〇一八年、目の手術を受けて入院していた私は、三省さんの活躍にどれほど励まされたか知れません。

そして二〇一九年、八月。丁度、三年半ぶりに、三省さんご夫妻との再会が叶いました。前回と同じ書店さんでのトークショーに、おふたりでいらしてくださったのです。

実はこの時、すでに三省さんはご自身の体験を文字にすることを試みておられました。その発端になったのが、星野源さんのひと言だった、と今回の前書きで知り、「そんなことがあったのか」と感嘆しました。同時に、妙に納得しています。

与えられた命を「生きる」ことは、時として、とても厳しく孤独です。差し伸べられる手を煩《わずら》わしく思い、拒んでしまうこともある。

けれど、一文字、一文字、自ら書き綴《つづ》る言葉は、折々の気持ちの受け皿になってくれます。

日記を書くことで慰められた経験を持つひとは多いでしょう。

ただ、個々人の日記は、読み手を想定しないため、壁に囲まれた「閉じた世界」で終ってしまう。誰《だれ》かに届け、との願いを込めて書き綴られたものだけが、その壁を壊し、外へと向かうことが出来るのです。

星野源さんの「何か書けばいいのに」というアドバイスの奥に、「三省さんなら誰かに届くものが書けるのでは」との信頼が透けて見えるように、私には思われてなりません。

二〇一九年の冬、三省さんから届いた手紙で「我が身に起きたことを、困難な状況にある誰かに届けたい」との深い想いを知り、担当編集者に繋ぎました。

作家と編集者は、互いに意見をぶつけ合いながら信頼関係を築き上げていきます。今回、外野である私は、助言はおろか、進捗《しんちょく》状況を尋ねることさえしませんでした。だからこそ、解説を書くためのゲラを手にした時は、感慨もひとしおでした。

ご家族のこと、岸田今日子さん始め役者仲間の皆さんとの濃密な交流、演技にかける想い等々。ゲラの中に私の知らない三省さんが居て、夢中になって読み通しました。読み終えた時には、無伴奏《むばんそう》の歌を聞かせてもらったような、深い感動がありました。時に苦しみにのたうち回りながら、時に懐古の情を抱き締めながら、三省さんの歌うアカペラだと思いました。執筆した三省さんにも、伴走した担当編集者の岡濱君にも、本書は書き下ろしです。

装画　ささめやゆき
『ガドルフの百合』（宮沢賢治・作　偕成社刊）より
写真　安保文子
装幀　池田進吾（next door design）

著者略歴

塩見 三省（しおみ・さんせい）

俳優。1948年生まれ、京都府出身。同志社大学卒業。舞台を中心に活動を始める。1989年より、つかこうへい作・演出の舞台『今日子』『幕末純情伝』『熱海殺人事件〜塩見三省スペシャル』の3連作に出演。1991年、『12人の優しい日本人』を機に映像作品にも活動の場を広げ、2005年、映画『樹の海』で第15回日本映画批評家大賞・助演男優賞受賞。映画『Love Letter』『アウトレイジ ビヨンド』などに出演し幅広く活躍、連続テレビ小説『あまちゃん』の「琥珀の勉さん」役で人気を博した。2014年に病に倒れるも、懸命なリハビリの後、2017年、映画『アウトレイジ 最終章』で復活を果たし、第39回ヨコハマ映画祭・助演男優賞、第27回東京スポーツ映画大賞・主演男優賞を受賞。ドラマ『この世界の片隅に』、大河ドラマ『いだてん〜東京オリムピック噺〜』などに出演。

Kadokawa Haruki Corporation

塩見三省

# 歌うように伝えたい
## 人生を中断した私の再生と希望

２０２１年６月18日第一刷発行
２０２１年12月18日第六刷発行

発行者　角川春樹
発行所　株式会社　角川春樹事務所
〒１０２−００７４　東京都千代田区九段南２−１−30　イタリア文化会館ビル
電話　０３−３２６３−５８８１（営業）　０３−３２６３−５２４７（編集）
印刷・製本　中央精版印刷株式会社

本書の無断複製（コピー、スキャン、デジタル化等）並びに無断複製物の譲渡及び配信は、著作権法上での例外を除き禁じられています。また、本書を代行業者等の第三者に依頼して複製する行為は、たとえ個人や家庭内の利用であっても一切認められておりません。
定価はカバーに表示してあります。落丁・乱丁はお取り替えいたします。

ISBN978-4-7584-1380-0　C0095　http://www.kadokawaharuki.co.jp/

©2021 Shiomi Sansei　Printed in Japan